令人头疼的孩子
也能轻松度过
幼儿园生活

幼儿园一日
生活宝典

著 ● [日]明日桧学园

中国青年出版社
CHINA YOUTH PRESS

中青学研

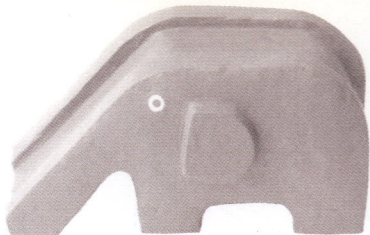

C O N T E N T S

序言

从在幼儿园巡回指导中发现的问题说起

本书由位于三重县的西日本唯一一所儿童精神科专科医院明日桧学园的多名工作人员共同执笔编写而成。明日桧学园虽然名为"学园",但其实并非教育机构。它既是一所主要从事儿童发育障碍等精神障碍的治疗及康复的专科医院,同时也通过巡回指导的方式,配合各幼儿园和学校对存在发育障碍的儿童提供各种帮助。

巡回指导由临床和实践经验丰富的保育师、精神保健师、特殊支援教师、教员等多种不同职务的人员组成团队共同进行。在巡访大量教育机构的过程中,我们直面的严峻形势是,广大保教工作者深受"不知该如何处理孩子们的问题"、"无法与家长们建立良好的关系"这类问题的困扰,又缺少可供咨询的相关机构，以至于他们在幼儿园工作中承受着"只能靠我们自己想办法"的压力。

在巡回指导的过程中，我们也经常会有"只要在这里稍微改良一下，教师和孩子都可以变得更加开心吧……"这样的想法。

试着客观回顾自己的教育工作，试着从孩子的眼光、孩子的感受这个角度反思自己的教育工作，哪怕是这样一点点的转变，或许很多情况就会出现好转。而这也正是我们在巡回指导中共同感受到的一点。或许，当孩子们出现反常举动时，如果老师们能够在考虑前往医院及教育机构等专业机构前，在幼儿园内部做出一些努力——比如根据孩子的具体情况进行辅导或花更多的精力去关心孩子，那么我们相信孩子们必将会更加健康快乐地成长。

因此，我们希望将明日桧学园所积累的经验及在巡回指导中遇到的各种问题、孩子们的看法及应对策略等内容进行整理，与工作在幼儿教育前线的老师们分享。这些内容或许并不十分专业，仅仅是工作在幼儿教育延长线的我们做出的一些小小提示。

幼儿园应是开展"不间断辅助活动"的起点

作为体验集体生活的最初场所，幼儿园对孩子来说意味着面临许多新情况——离开父母、结识老师及其他孩子、适应陌生环境、学习集体规则等等。不过，对于那些在社会生活方面存在一定问题的孩子而言，这一切也意味着遭遇各种困难。有的孩子由于无法很好地参与活动，慢慢产生了"反正自己做不好"的想法，自尊心下降，甚至会产生动手打人或突然跑出教室等问题行为。

但是，如果老师能很好地帮助这样的孩子完成他们原本无法完成的事情，并积极给予"太棒了！你太厉害了！"等表扬，那么孩子某方面的特长将不断提升，逐渐获得班级中其他小朋友的认可，进而使其自尊心不断提高，与老师之间的关系也会得到改善，从而做出更多符合要求的行为。

开展提高孩子自尊心的辅助活动的起点就在婴幼儿时期。如果幼儿园老师能够及时发现孩子在幼儿园内出现的异常行为并在早期对其进行有针对性的帮助，并使这些有效的辅助手段在孩子升级或升学时得到延续，那么，这必将对孩子今后的成长起到巨大的影响。

明日桧学园非常重视开展"不间断辅助活动"。作为辅助的第一步,我们建议幼儿园老师对孩子的异常言行举止进行反复观察、记录、制定对策、实践并检验效果,找到适合每个孩子的辅助手段,促进其成长发育并将这些内容记录成档案,移交给孩子进入的小学,这样小学老师就可以有针对性地对孩子进行继续辅导。可见,幼儿园的辅助活动是多么重要。

从思考"为什么会这样"开始

本书将把重点放在那些在智力发育方面没有明显问题,但与其他小朋友相比,在其擅长与不擅长的活动之间存在明显差距,即在发育方面存在偏差障碍的孩子以及有类似倾向的孩子身上。

本书并未罗列孩子生活及发育的所有方面,而是以幼儿园的一日生活场景,以孩子容易出现问题的场景为主题进行叙述。

本书并没有对每个主题明确地给出"解决"方法,而是首先从思考孩子为什么无法顺利做出预期行为开始,猜想这种现象背后的原因,这一点非常重要。思考孩子在想什么，会受到哪些困扰，进而思考在自己的工作中或在幼儿园的环境方面是否存在某些令孩子不易理解的环节，即站在孩子的视角回顾自己的工作，这一点对幼儿园的老师们来说至关重要。只有列举出种种可能因素，才能得到与之相应的各种对策。

每个孩子的发育速度都不尽相同，在发育道路上各有各的进程。本书所列举的各种见解及方法并不是绝对的，希望大家仅以本书作为参考，同时综合孩子的具体情况、状态以及班里其他小朋友的状态及班级环境、家长的意见，思考出适合"问题孩子"的真正对策。

在面对某些孩子时，照搬本书中提到的对策或许反而会令他们感到更加痛苦。因此，希望大家将书中的对策仅仅作为一种有益的参考意见来看待。

重视孩子的成功体验

在巡回指导中，有些老师提出过这样的问题，即如果对孩子进行全方面的辅助，会不会反而将孩子成长发育的可能性抹杀掉？

存在发育障碍的孩子在听到"我们来做……"时，往往无法按指示顺利行动。这并不是因为他明明能做却不做，而是因为他没有这方面的能力，或者无法理解指示内容，或者虽然能听懂指示但无法顺利切换自己的状态等。这些特定原因使他想做却做不到。这种不甘与焦虑有时会伤害到这类孩子的自尊心，这是我们无论如何都要避免的，这就需要我们帮助孩子积累成功体验，并帮助其逐步提高自尊心。

这种帮助对所有孩子都有好处，而且这种好处是显而易见的。希望大家能够灵活运用本书，将本书作为一本有益的提示手册，从中找到可以让每个孩子都快乐成长的秘密，帮助孩子提升特长，辅导孩子掌握原本不会的技能，让每个孩子都能得到充分的表扬，从而将幼教工作开展得有声有色。

明日桧学园　中村美由纪

遇到这种情况
应该怎么办?

~从入园到放学~

我们将按照幼儿园每日的生活流程,即根据入园→
自由活动→集体活动→排泄→散步→就餐→
穿脱衣→午睡→放学的顺序
检视与孩子相关的方方面面。
从孩子的表现去思考各种可能的背景原因,
思考为什么会这样,
并引导孩子回忆班里其他小朋友的状态,
帮助孩子一起思考对策。

Content:

入园

I 无法适应幼儿园

早上好!

为什么会这样?

· 入园时心情不好?
· 因为不清楚一天的安排而感到不安?

12

如果孩子入园时心情不好……

试试
这样做？

①仔细观察其行为表现

老师可使用下面的"行为记录表"记录这类孩子的行为，以了解其在什么样的情况下容易出现情绪波动，把握其生活节奏（记录周期以两周左右为准）。

举个例子，利用这张表就会发现，某个孩子每周五早上情绪都不太好，这是因为每周四是孩子父亲的休息日，因此孩子睡觉很晚。

针对这种情况，老师就可以在周五有意识地多安排一些这个孩子喜欢的活动，或者为他安排更多的休息时间，根据其情绪不佳的具体原因，想办法让他在这一天过得更加轻松愉快。

行为记录表（入园时）

姓名（   ）   年龄·班级（3岁5个月·小二班）

日期	天气	入园时间	与谁一起	行为	原因或可能的情况	备注
5/10（一）	晴	8：30	母	与母亲拜拜，顺利进入教室		
5/11（二）	晴	8：30	母	"		
5/12（三）	阴	8：30	母	"		
5/13（四）	晴	8：30	母	"		父亲休息日
5/14（五）	晴	9：20	母	边哭边入园，不肯从母亲身边离开。	昨天晚上睡得很晚，所以早上起床也晚了，没吃早饭。	上周五也是迟到，情绪不佳。
5/15（六）	晴/阴	8：30	母	与母亲拜拜，顺利进入教室		
5/17（一）	晴	8：30	母	"		
5/18（二）	雨	8：30	母	"		
5/19（三）	雨	8：30	母	"		
5/20（四）	晴	9：00	父	很开心地跟父亲一起来幼儿园，花了比平时更多的时间才肯离开家长。	很少跟父亲一起入园，不肯离开父亲。	父亲休息日
5/21（五）	晴	9：45	母	看上去很困，很不情愿的样子，不肯从母亲身边离开。	昨天在外面吃饭，回家较晚，睡觉时间也比平时晚。	

②让入园变得更加有趣

老师可以创造一些令这类孩子更乐于入园的"期待"，比如入园时让孩子最喜欢的卡通角色在门口等他，或者发给他最喜欢的贴纸，或者让孩子最喜欢的老师将他高高抱起等等。通过这些方法来帮助孩子转换心情，让他在更好的心情中开始一天的幼儿园生活。

此外，老师还可以从家长那里了解一下这类孩子最喜欢的游戏或最感兴趣的东西，再通过这些东西来引导孩子参加游戏。也可以让孩子把自己家里最喜欢的东西带到幼儿园来。

一起来看小A最喜欢的火车书吧！

如果孩子因为不清楚一天的安排而感到不安……

①提示其一天的日程安排

试试这样做？

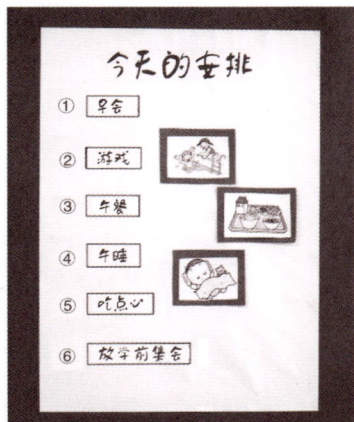

今天的安排
① 早会
② 游戏
③ 午餐
④ 午睡
⑤ 吃点心
⑥ 放学前集合

"①早会、②游戏……"，为每项活动排上编号，用简短的语言依次向孩子说明。

有的孩子因为不清楚幼儿园的一天要如何度过，对将要发生的事情无法做出预测，从而感到不安，所以早上入园时就会情绪不佳。对于这种情况，老师可以想办法让这类孩子看到并理解幼儿园一天的生活流程。可使用照片或图片做成一个日程表，在其入园时拿给他看，并对他进行说明。

对有的孩子来说，在前一天将次日的安排事先告诉给其家长要比在入园时为他做说明的效果更好。对于这类孩子，老师应当与家长一起配合，让家长在家中告诉孩子次日幼儿园的生活安排。值得一提的是，让孩子们理解幼儿园日程表，对其上小学后理解学校里的课程表也有帮助。

②预告接下来的活动安排

老师除了对全天的日程安排进行说明之外，还可以通过"吃完点心后，妈妈就要来接你了"这样的告知方式，不断地对接下来的活动做出预告。对活动安排做出更细致的预告，有时效果更好。

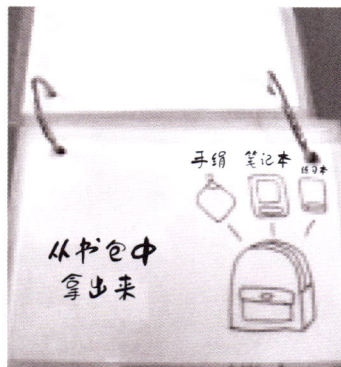

个人用日程卡。告诉这类孩子，每完成一项活动就自己翻一页，或者由老师一边展示卡片，一边告知接下来的活动安排。

③引导其意识到一天的开始

老师可以想办法让这类孩子意识到新的一天又"开始"了。比如，可以在每天的早会上组织全班孩子唱同一首《早安歌》。将每天都要完成的固定活动作为一天的开始，可以帮助这类孩子更加顺利地调整自己的情绪。

再说一句

● 在向这类孩子展示日程安排时，要对多久之后的事件做出预告，要做到多细致的预告，可能对于每个孩子来说，需求都是不一样的。老师要根据每个孩子的具体情况下功夫、想办法。

● 在这类孩子能够在一定程度上适应幼儿园生活之前，应避免频繁变更日程安排。老师可以通过相同生活模式的不断重复，让这类孩子渐渐对幼儿园生活产生一个预期。

② 不会整理物品

为什么
会这样?

· 不知道物品应该放在哪里?

· 受周围环境影响?

如果孩子不知道物品应该放在哪里……

①创造简明易懂的生活环境

老师可以在放置物品的地方贴上孩子们的标志或头像照片,让他们一目了然。另外,对于不太会认地方的孩子,还可以让他将东西放在最边上或者放在与其视线等高的位置,帮助他更容易地辨认整个生活环境。

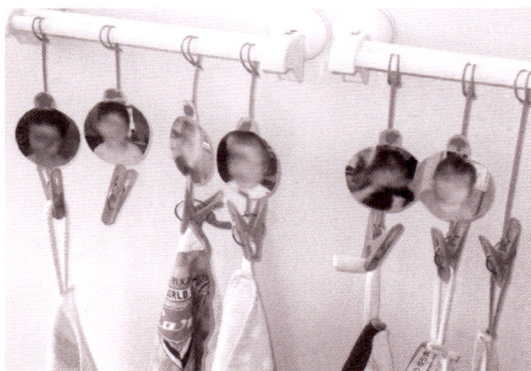

带有孩子们照片的毛巾挂钩

②老师跟随教导

这里是小B
的位置。

一开始,老师可以拉着这类孩子的手帮助他一起整理物品。慢慢地,老师可以仅为其指示物品应放置的位置,并用语言提示孩子整理物品,使孩子逐渐脱离对老师的依赖。

当孩子能够独立整理物品时,老师应立刻给予鼓励,这一点也是很重要的。另外还要注意,有的孩子可能不喜欢别人碰他的东西,因此还必须根据具体情况灵活应对。

试试
这样做?

如果孩子受周围环境影响……

①向其说明顺序

①挂毛巾、②放杯子……老师可以用图片或照片等,向这类孩子说明早上整理物品的顺序,并在最后加上"玩积木"等内容,令他明白完成整理物品的任务后就可以做自己喜欢的游戏,以调动其带着更多的积极性来整理物品。

另外,老师使用图片或照片说明顺序时,需要考虑说明对象是全班孩子还是个别孩子,并采用不同的说明方式。

纵列式　　　　　　　翻阅式　　　　　　　收纳式

②确保其在同一个地方完成所有工作

　　放书包、放杯子、挂毛巾、贴贴纸等早上的准备工作如果要在不同的地方完成，那么孩子每次移动位置时都可能受到周围环境等因素的影响。因此，老师应尽可能确保将孩子们早上的物品整理工作集中在同一个区域完成，尽可能缩短孩子们的移动距离。

放书包

杯子

换衣服

挂好毛巾后可移走的滑动式毛巾架

贴贴纸

在孩子们入园前，老师可以将装杯子的箱子及毛巾架等预先放置在其做物品整理工作的场所，等所有孩子都放好杯子并挂好毛巾后，再将它们分别移至其他地方。

3 不会在签到本上 贴贴纸（不会摁图章）

为什么 会这样?

· 不知道应该在哪里贴贴纸（摁图章）?

· 手指不够灵活?

如果孩子不知道应该在哪里贴贴纸（摁图章）……

试试
这样做？

①为其明确标示位置

老师可以为这类孩子指出签到本上当天日期的位置，或者在当天日期处画上圆圈做标志并明确告诉他"是在这里"。此外，还可以遮挡当天日期周围的其他部位，仅把正确的位置留给他看。

②准备好范本

老师不可能一直陪在这类孩子的身边，因此可以事先放上一个范本，让他明白只要做到跟范本一样就可以了。

如果孩子手指不够灵活……

试试
这样做?

①陪其一起完成

手指不够灵活的孩子不能很好地贴贴纸, 可能会把贴纸弄破, 并且贴贴纸这一活动本身往往就不受这类孩子喜欢。对于这种情况, 老师应和他一起完成, 帮助其积累成功贴贴纸的经验。

如果这类孩子能贴好贴纸, 老师一定要给予表扬。孩子积累了越来越多的成功经验之后, 就不会再讨厌贴贴纸了, 这才是最重要的。

慢慢贴。
不着急。

对! 好棒!

②让贴纸使用起来更容易

老师可以想办法将贴纸的前端弄弯使其翘起来，或者在贴纸下面放上一个回形针，让这类孩子可以更容易地揭开贴纸。这个方法也可以帮助孩子更清楚地理解应该揭起哪张贴纸来粘贴。

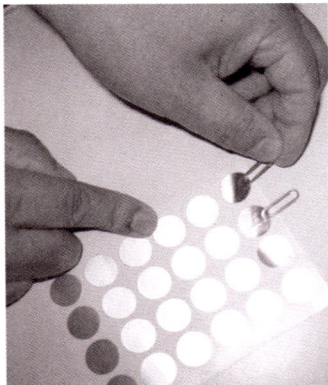

只要提起回形针，就可以很方便地揭开贴纸。也可以连着整个回形针一起揭起。

再说一句

● 除了让贴纸使用起来更容易之外，想办法提高这类孩子手指的灵活性也是很重要的。老师可以引导这类孩子多玩一些需要运用手指操作的玩具，让其在享受游戏乐趣的同时锻炼手指的灵活性（详情请参阅第92页、第162页）。

● 采用摁图章方式签到的幼儿园可能不会遇到贴贴纸方面的烦恼。不过采用摁图章方式时，有的孩子可能会觉得摁图章很有趣，从而摁个不停。对于这种情况，老师可以按第21页所示的方法，明确指定当天需要摁图章的位置。另外，对于想要把图章摁得很漂亮的孩子，还可以告诉他，要分清图章的上下方向，才能让图章看起来更漂亮。

4 不知道怎样加入到他人的游戏中

剪刀石头布！

加油！

傻愣愣

为什么
会这样？

· 说不出"加我一个吧"？
· 不清楚游戏规则？

如果孩子说不出"加我一个吧"……

试试这样做?

①教其怎样去说"加我一个吧"

老师可以在游戏现场告诉这类孩子,如果想加入游戏,要说"加我一个吧"。老师可以先演示一遍,然后观察孩子,看他能否自己说出这句话。有的孩子需要老师辅导才会说,要区分不同情况,选择便于其理解的最佳方式。

需要老师100%的帮助

需要老师先做示范

其他孩子做示范即可

②用一对一的模拟练习帮助其掌握方法

老师应当尽可能利用方法①在游戏现场对这类孩子进行辅导,但如果在这种方式下孩子还是无法很好地理解,那么也可以让其他老师协助一起模拟演示,然后再改为老师与孩子一对一模拟练习,通过这种方式帮助他掌握融入团体的方法。

试试这样做?

①引导其观看游戏并理解规则

对于那些因为不懂游戏规则所以不敢加入游戏的孩子以及加入游戏后搞不懂游戏规则的孩子,老师可以通过图示方式向他们说明游戏规则或者和他们一起先观看其他孩子做游戏的情景,帮助他们通过"观看"来理解游戏规则。

此外,老师可以亲自加入到游戏中去,让孩子看到游戏的有趣之处,告诉孩子"与小朋友一起玩开心极啦",引导他将心中的不安逐渐转换为期待。当孩子真的满怀期待加入游戏中后,为了让他真正觉得"真好玩! 还想玩",老师应起到这个孩子与其他孩子之间的纽带作用,帮助他真正感受到加入游戏的成就感。

通过图片进行说明

两个小朋友分别从两头往中间跑,然后在中间"啪"地拍一下手。

老师一边陪同观看一边解说

再说一句

● 自由活动时间也是孩子们展现自己平时学习成果的时间。老师可以通过观察孩子们在自由活动中的表现，来了解平时为孩子们做出的各种努力是否真正帮助他们掌握了相应的能力。

● 老师应告诉全班孩子，当你希望与其他小朋友一起玩耍时，要说"加我一个吧"或"带我一起玩吧"，而当某个小朋友说出这样的话时，其他小朋友应该回答"好啊"。老师要引导全班孩子明白接纳他人是一件美好的事情。

5 抢夺他人的玩具

为什么会这样?

- 对某个玩具过于执着?
- 不明白玩具是大家共有的?
- 不懂得遵守秩序?

🌸 **如果孩子对某个玩具过于执着……**

**试试
这样做？**

①赢得其好感，促使其对新游戏产生兴趣

如何才能让这类孩子不过度执着于某个特定玩具并对其他玩具产生兴趣呢？对于老师来说，很重要的一点是要赢得孩子的好感，引导其产生"想要跟最喜欢的A老师一起玩游戏"的想法。

老师可通过这类孩子喜欢的某种感觉，和他玩一些有身体接触的游戏，让他不断积累心理满足的体验，并借此建立起彼此间的亲密关系，从而带领其拓展游戏范围。

有的孩子不喜欢别人接触自己的身体，或者不善于将情感诉诸于某种感觉，因此老师在具体辅导中应时刻把握不同孩子的不同倾向。

通过孩子喜欢的某种感觉

来回转
啊转~

转 啊 转~

身体接触游戏

独木桥~
小步快快走！

**试试
这样做?**

①帮助其理解什么是"公共物品"

有的孩子会存在"我喜欢的东西就是我的东西"的意识,无法区分自己的东西、他人的东西以及公共物品之间的区别。老师可首先与全班孩子约定好"这是幼儿园里的玩具,要大家一起玩",然后再根据需要对这类孩子进行单独辅导。

在玩具上贴上班级名称或标志,让孩子一看就知道这是公共物品,也是一个好方法。

如果孩子不懂得遵守秩序……

**试试
这样做?**

①明确告知"接下来就该轮到你了"

有的孩子会因为不知道什么时候才能轮到自己,从而产生不安并变得固执。对于这种情况,老师可以告诉这类孩子肯定会轮到你的。如果孩子依然感到不安,则可以具体告诉他什么时候会轮到他玩,令孩子安静下来。

老师可守在孩子们的身边,带领并保证孩子们按顺序玩玩具。当这类孩子能乖乖地遵守秩序时,老师要及时给予表扬,如"小B非常遵守秩序,真棒"。如果通过口头方式难以确定游戏顺序,老师也可以想办法将编号写在纸上,使秩序更为明确。

这是你的饭饭~

小B,等小A玩好后我们就跟小猪一起玩哦!

②教其将玩具归还给他人

　　当这类孩子抢走其他孩子的玩具时，老师不应听之任之，应立即告诉他"这是小A正在玩的玩具，我们一起拿去还给小A吧"，并陪同孩子归还玩具。另外，如果抢玩具的孩子不会道歉，那么老师应告诉被抢走玩具的孩子，如"小A真对不起啊，你可以继续玩了"。关注被抢走玩具的孩子的心理也是同样重要的。

　　然后，老师还应反复告诉抢玩具的孩子，"如果想玩，应该说'借给我玩玩吧'"，然后告诉正在玩玩具的孩子，"如果别人跟你说'借给我玩玩吧'，你应该要借给他玩哦"，通过这种方式可以帮助孩子提高与他人沟通的能力。

> 我们去还给小A吧!
>
> 哇~

再说一句

● 如果孩子哭叫不停，可以让他玩其他玩具，或者将他带离游戏现场，分散其注意力。等孩子调整好情绪之后，再和他一起玩耍。

● 不应该简单断定不能遵守秩序的孩子就一定是任性，也有可能是因为孩子还不理解"秩序"的含义。老师应在认真思考的基础上对孩子进行辅导。

6 动手打人

不要啊！

为什么
会这样？

- 不会用语言表达自己的心情?
- 不知道如何与他人交流?
- 无法抑制自己的冲动?

如果孩子不会用语言表达自己的心情……

试试
这样做？

①教其如何表达并帮助其进行练习

有的孩子之所以会动手打人，可能是因为他无法用语言来表达"我不喜欢……"或者"我希望对方为我做……"的心情。

老师应首先告诉这类孩子，只要将想法说出来，对方就会明白你的心情，然后教其具体的表达方式，并鼓励其反复练习。当孩子能正确表达时，老师应给予充分的表扬和鼓励。

②在现场引导其说出正确的话

有的孩子在表达的时候可能会一时找不到合适的语言，但如果给他一点时间，他就可以找到正确的语言。老师应首先替孩子说出他动手打人时的真实心情，让孩子与自己产生共鸣。当孩子感到自己的心情被人理解时，其紧张情绪也会得到缓解。

然后，老师可以和孩子一起回顾当时的场景，询问孩子"这时候应该怎么说啊"，并给予若干提示。通过这种方法引导孩子做出正确的表达，帮助他将想法正确地传递给对方。

如果孩子不知道如何与他人交流……

①巧妙地牵线搭桥

　　有的孩子可能明明很喜欢对方，想跟对方一起玩，但由于不知道该如何表达，反而采取了动手打人这样的消极接触方式来寻求对方的回应。老师应在孩子们之间的关系恶化前尽早介入，成为两者之间的桥梁，通过他们都擅长的游戏将两人联系起来。

巧妙利用两人都擅长的游戏

②更具体地教其如何与他人接触

　　对于有的孩子，只要老师告诉他应当将自己的心情用语言表达出来，他就会自己去尝试。当这类孩子试图与其他孩子交流时，老师可以在旁边告诉他，"小F，你只要跟小A说'小A，我们一起玩吧'就可以了"。

如果孩子无法抑制自己的冲动……

试试
这样做？

①对可能引起其冲动的场景进行预测

老师可对这类孩子的言行进行观察，观察周期以10天到14天为宜，并在观察期内做好其行为记录。可使用下面的行为记录表来分析孩子在哪些场合、哪些时间段容易出现冲动行为。有了这样的分析结果作为参考，老师就可以在预测到孩子可能出现冲动行为时，守在他的身边，帮助其抑制冲动。如果孩子成功抑制住了自己的冲动，老师应及时给予表扬，帮助孩子不断积累被表扬的经验。

此外，还可以在幼儿园内设定一个行为观察强化月，由全体老师一起对这类孩子进行观察并讨论相应的对策。这可以帮助班主任老师发现自己没有看到的孩子的另一面，从而考虑崭新的对策。

行为记录表（冲动性）

姓名（　　　　）年龄（　岁）

月　日　天气（　　　）　　日程安排（是否有特殊活动或仅为正常活动等）

活动	时间	场合	对象	行为	原因及可能的情况	备注
入园						
自由活动	9:20	滑滑梯时	小B	敲了小B	因为对方插队。	理解"要按秩序排队"的道理，但冲动占上风。
集体活动						
就餐	12:10	在厕所里排队时	小C	推了小C	有人插队，并先穿走了花鞋。	理解"要按秩序排队"的道理，但冲动占上风。
午睡·点心自由活动准备放学放学	15:40	玩积木时	小E	敲了小E	积木被人拿走。	理解别人未借东西时应进行"借我玩玩"、"好的"这样的交流方式，但仍然会冲动动手。
观察结果	• 自由活动中出现较多	• 排队等待时 • 认真地玩游戏时	任何人	• 敲人、推人等行为	• 被插队，或者正在玩的玩具被人拿走。	• 理解规则和承诺，但仍会动手。 • 大多在自由活动时间及老师看不到的地方出现。在集体活动中不会出现。

关注孩子在"冲动性"方面的情况并进行记录。

②告诉其哪些是讨人喜欢的行为

如果孩子能够理解老师的话，那么当他出现消极行为时，老师可以具体告诉他什么才是正确的行为。下一次，当孩子做出正确的行为时，老师应通过拥抱及口头表扬等方式，明确表达对孩子的肯定和褒奖。

③帮助其拥有自控能力

老师应考虑如何帮助这类孩子拥有抑制自我冲动的能力。希望大家参考下面几个例子，并根据每个孩子的具体情况，为缺少自控能力的孩子提供合理的帮助。

● 小F的行为检查表

一开始，老师可以与这类孩子一起确定目标，并告诉他将目标写在纸上。此时园长也可以出现在现场，以表示幼儿园方面对这件事的重视，让孩子意识到这个约定是非常正式且重要的。然后，老师可以做一张行为检查表，当孩子能够遵守约定时，就在检查表上贴上奖励贴纸。

写明具体事项的约定书

行为检查表

时 间 ＼ 5 月	10日 (星期一)	11日 (星期二)	12日 (星期三)	13日 (星期四)	14日 (星期五)
⊙ ➡ ⊙	⚪	⚪	⚫	⚪	⚪
⊙ ➡ ⊙	⚪	⚫	⚫	⚪	⚪
⊙ ➡ ⊙	⚫	⚫	⚪	⚫	⚪

奖励贴纸 ⚪　　　加油贴纸 ⚫

可以将孩子在幼儿园的时间分成3个时间段，并将其作为时间
轴，以便定时检查。如果目标定得过高或者约定事项太多，孩子
达成目标的难度将会加大。因此刚开始时不必过于追求完美，在
内容设定上可以通过逐步增加目标的方式来帮助孩子建立自信，
提高自尊心。这样的设定也可以有效地增加孩子受表扬的机会。

● 提醒标志

为了提醒即将出现冲动行为的孩子，老师可以做一些写有"1"、"2"、"3"数字的卡片。1、2、3分别表示孩子冲动的程度，数字越大，程度越高，并由老师根据孩子的行为程度做出相应的提醒。当孩子抑制住冲动并做出正确行为时，老师可给出"OK"卡片。如果孩子的行为已达到卡片"3"的程度，那么老师可以告诉孩子"让我们休息一下吧"，然后带他到固定场所休息。

制作数字卡片的目的是让孩子意识到自己的冲动行为，但同时它们也可以成为孩子被表扬的契机。如果孩子在老师给出卡片"1"的时候就意识到自己不对，那就可以表扬他"你很快就发现了啊"。如果是卡片"2"，则可以说"不用老师拿出3，你就明白了啊"。如果是卡片"3"，则可以说"我们可以好好休息下了哦"或者"你比昨天更早发现哦"。这样的方式可以让孩子意识到无论是哪张卡片，自己都有受到表扬的机会。

● 确定忍耐时的固定姿势

老师可以跟孩子商量好一个姿势，并告诉他在无法忍耐时使用。

忍耐！

如果忍不住想打人的话，就像这样握紧拳头哦！

如果在采取了各种可能的办法后，仍然无法有效地帮助孩子抑制冲动，那么老师可以继续采取以下方法。

1. 充分倾听孩子的心声，通过"球被人抢走了很难过吧"这样的交流方式，与孩子取得情感上的共鸣。

2. 客观地向孩子陈述事情的具体情况，比如"因为球旁边没有人，所以他想收拾一下，就把球拿走了"。

3. 告诉孩子在发生冲突之后应该如何应对与解决，比如告诉打人的孩子要向被打的孩子道歉。

4. 向孩子具体说明今后发生同样情况时应该怎么做（如果生气的话就告诉老师，或者做出忍耐的姿势或动作等）。

老师不应仅仅止步于提醒或教训孩子，而应该与孩子一起回忆当时的情况，并帮助孩子思考下次发生同样事情时应如何应对。

再说一句

- 当孩子无论如何都无法控制自己的行为时，不能简单认为是孩子不够努力，而应认为是孩子很想抑制冲动但未能做到，孩子自己也非常苦恼，老师应试着去理解孩子的心情。

- 对于老师来说，单凭一己之力很难有效地帮助冲动性极强的孩子抑制冲动。对此，可以寻求其他老师的帮助，采取幼儿园整体辅导的方式。这样的对策也可以让孩子意识到自己身边有很多可以给他提供帮助的大人。

- 不要忘记关注被打的孩子。老师应首先确保孩子们的人身安全，然后通过轻抚背部或拥抱等肢体接触动作，用"吓了一跳吧"、"好吓人啊"等安抚性话语去抚慰被打孩子的情绪。然后告诉他，"对不起，其实小A是想跟你一起玩的，小A很喜欢你哦"，帮助动手打人的孩子传递正确信息。

7 言语伤人

为什么会这样?

- 无法用语言直接表达自己的心情?
- 想与人交往,但不知如何表达?
- 不理解对方的心情或表情?

40

如果孩子无法用语言直接表达自己的心情……

①为全班孩子创造一个思考的机会

老师可以引导全班孩子一起思考什么样的话不能说,从而让这类孩子客观认识到自己的不当言论。

老师还可以列举出班里实际发生过的事情,让孩子们设身处地地思考应该怎样说才对。也可以通过小剧场及讲绘本故事等方式,引导孩子们进行讨论。

利用图片引导孩子们思考游戏中的言行

让孩子们看到游戏中出现的争吵、辱骂等行为,组织大家一起讨论哪些话是不能说的。

再让孩子们看到正确的加油场景,引导他们讨论怎样才是正确的加油方式。

②对个别孩子反复进行单独辅导

单纯依靠集体学习，有的孩子可能仍然无法完全理解其中的道理，继续说一些不恰当的话。即使这类孩子没有恶意，但不恰当的语言仍然会伤害到其他孩子，给其他孩子留下不愉快的记忆。一旦出现这种情况时，老师应对其反复进行单独指导，指出哪些话不应该说。

③通过游戏增强其学习效果

老师可以制作一些"礼貌用语"与"不礼貌用语"的卡片，通过卡片游戏来帮助这类孩子学习正确的说话方式。

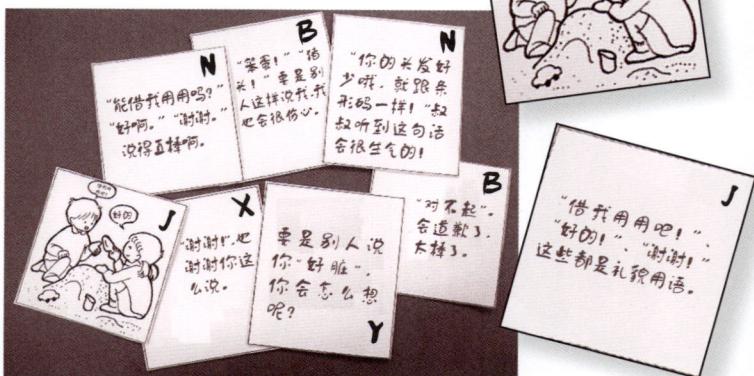

如果孩子想跟人交往，但不知如何表达······

试试
这样做?

①教其与人交流的正确方法

有的孩子会通过激怒对方的方式来感受与对方的互动，并反复出现类似的负面交往行为。在旁人眼里，这类孩子不够坦诚，但作为老师，则首先要思考他是否不知道如何与他人交往。

老师可以通过实际演示的方式，教给这类孩子与他人交往的正确方法。当孩子做对时，老师应立刻给出明确的肯定信号，并给予鼓励。

入园
自由活动
集体活动
排泄
散步
就餐
穿脱衣
午睡
放学

**试试
这样做?**

①利用图片或照片帮其理解表情

有的孩子无法通过观察对方的表情来判断对方的喜怒哀乐等诸多情绪。对这类孩子，老师首先应该仔细告诉他人会有哪些表情，不同的表情又分别代表了怎样的心情。

通过表情了解情绪

将不同的表情排列出来，引导孩子思考不同情况下会出现哪种表情，并分别讲解其含义。

表情与情绪的配对游戏

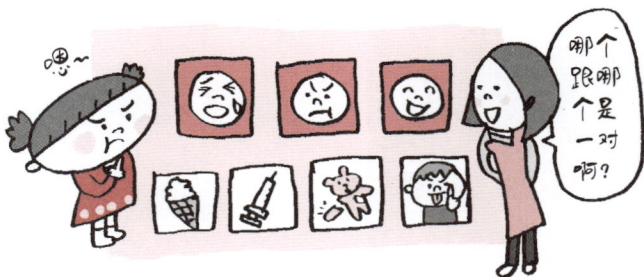

引导孩子将表情与相关图片连起来。

②让其练习做出各种表情

　　老师可以带着这类孩子一起对着镜子练习做出各种表情。比如，让孩子和自己一起做出高兴的表情，并告诉孩子这种表情的意义。如"跟老师一起做，这是快乐的表情。啊哈哈哈！"

　　此外，很重要的一点是要让孩子知道，对方表现出困惑或悲伤的表情时，是在表达难过的情绪。老师可以实际做出难过的表情给孩子看，或者让孩子模仿难过的表情，也可以将其他孩子的难过的表情指给他看。无论是哪一种方式，老师一定要抓住机会，立刻告诉孩子这就是难过的表情。通过不断积累实际体会，孩子会逐渐理解各种表情的含义。

　　注意，老师在做示范时，表情一定要明确、到位。如果做出愤怒表情时嘴角还带有笑意的话，孩子将无法理解。老师在做表情示范时要做到感情与表情相统一。

这是开心的表情！
要跟老师一样哦！

啊哈哈哈

啊哈哈哈

再说一句

● 很多人在小时候，都有过说的话明明没恶意，却被大人训斥的经验吧。只有反复经历这样的失败，并从中不断地学习，我们才逐渐记住各种正确的表达方式。因此，老师们也应冷静地、反复地对这类孩子进行辅导。

● 如果孩子在无法读懂对方情绪、无法理解环境氛围的状态下长大，那么他今后必将感受到生活的艰辛。因此，即便无法立刻看到成果，老师们也不要放弃对这类孩子的辅导。只要坚持从孩子的婴幼儿时期开始，不断给予他辅导，并持之以恒，将这种辅导延续到孩子的小学、中学及成人之后的生活中，就一定可以减少他可能面临的困难。

入园　自由活动　集体活动　排泄　散步　就餐　穿脱衣　午睡　放学

8 与同龄人交往太少

为什么会这样?

· 由于发育阶段不同而无法加入同龄人的游戏?
· 喜欢一个人玩?

如果孩子由于发育阶段不同而无法加入同龄人的游戏……

**试试
这样做?**

①确认其所处的发育阶段，探寻问题所在

有的孩子可能因为发育较为迟缓，所以无法与班里其他孩子一起玩耍，反而喜欢与跟自己发育阶段更为接近的小小孩或者大孩子一起玩耍。

对于这种情况，老师应该首先仔细观察这类孩子在游戏中的表现，观察其游戏的内容、动作、语言表达情况及与其他孩子的交流情况，通过认真分析，确认其发育阶段，然后探寻其与同班孩子一起做游戏时存在哪些不足、在哪些方面需要获得帮助，找到问题的真正所在。

②成为这类孩子与班里其他孩子之间的桥梁

首先，老师可以与这类孩子一对一地玩他最喜欢的游戏，然后再有意识地将班里的其他孩子带到游戏中来。开始时不用急于让他与其他孩子互动起来，可以从小处着手，循序渐进、步步为营。

这里面的关键在于老师应保持快乐的心态来展开游戏。这样的话，就算游戏内容有些幼稚，其他孩子也会觉得"老师玩得好开心呀"、"好像很有意思嘛"或"我也想一起去玩"，从而愿意加入到游戏中来。

**试试
这样做?**

①多为其提供观看班里其他孩子游戏的机会

老师一方面要接受这类孩子喜欢独自游戏的现实，一方面也应想办法让他参与到班里其他孩子的游戏中去。

比如，老师可以组织班里其他孩子在他身边进行游戏，并在其他孩子游戏的过程中跟孩子打招呼，令他注意到其他孩子正在进行的游戏。也可以安排其他孩子进行与这个孩子的发育阶段相吻合的游戏，并从一对一的形式开始，鼓励其进行尝试并逐步深入。这样，他慢慢就会对其他孩子的游戏感兴趣了。

②吸引其加入其他孩子的游戏中，创造可以让其实际感受游戏乐趣的条件

老师应在给这类孩子做辅导的同时，慢慢地引导他尝试加入班里其他孩子的游戏中去。可以尝试吸引其加入较易参与的过家家游戏或固定器具类游戏中去，并由老师主导游戏，让他感受到与其他孩子一起游戏的乐趣。

再说一句

● 老师应在平时对全班孩子传输"大家都是……班的好伙伴"的观念，让每个孩子都意识到自己是班级的一员。

9 某位老师不在身边时就不会做游戏

为什么会这样?

· 感觉非常不安?
· 只有特定老师在的时候才能安心?

如果孩子感觉非常不安……

①营造可令其安心的环境

孩子之所以会感到不安，有可能是因为不清楚幼儿园的生活流程，或者找不到能令自己安心的环境，进而无法独立游戏。

老师应分析这类孩子感到不安的具体原因，利用图片或照片向他展示幼儿园一天的生活流程（详情请参考第14页），或者将他安排在离他喜欢的孩子较近的座位上，想办法消除其不安情绪。另外一个不错的办法是为孩子营造一个舒适的空间，让他早晨入园后先进入这个空间玩自己喜欢的游戏，以便帮助他调整心情。

②帮助其逐步脱离对老师的依赖

对那些感到非常不安的孩子，开始的时候，老师可以尽量守在他身边令其安心。之后可以注意观察孩子的样子，并尝试逐步地离开孩子。

1. 老师可以对孩子说明具体情况，如"老师要去上厕所，你在厕所门口等老师"。

2. 等孩子逐渐习惯后，老师可以试着让他在保健室里等着。

3. 老师可以与孩子一起做视线接触练习。当孩子离开老师并感到不安时，让孩子用视线寻找老师，并通过保持与老师的视线接触来消除不安情绪。

老师一直都看着呢哦！

入园

自由活动

集体活动

排泄

散步

就餐

穿脱衣

午睡

放学

③全体老师采取统一应对方式

　　如果更换班主任时，对孩子的教育方法也发生了变化，这可能会使孩子的心理产生混乱。尤其是当孩子决定要跟这个老师在一起时，更换老师这件事本身就会使其产生严重的不安。

　　当相关负责老师需要更换时，老师应事先告诉孩子"明天你要跟A老师一起玩哦"，并将写有"小D的保护者"的牌子转交给新老师，让新老师挂在脖子上。这样的做法可以帮助孩子更容易理解将要出现的变化。另外，无论是哪位老师，都应该对同一个孩子保持相同的应对策略，老师们应在这方面达成共识。

如果孩子只有特定老师在的时候才能安心……

试试
这样做?

①促使其对其他老师也感到安心

　　有的孩子对某个特定的老师非常依恋，必须由这个老师陪他玩或者必须寸步不离地陪着他才行。老师可能会觉得这样的孩子非常乖巧可爱，也想回报其对自己的依恋之情。但作为老师也必须考虑下一步的应对策略。

　　为了让孩子感觉到其他老师也可以，老师之间可以经常通过互相拍肩、彼此击掌等孩子易懂的方式，表达老师彼此间的良好关系。这样，孩子就会觉得既然是老师喜欢的人，我应该也会喜欢的。

②从一对一开始,逐步拓展其交际圈

老师可以从与孩子一对一的关系开始,尝试让其他孩子加入进来,逐步拓展这类孩子的交际圈。在观察其状态的基础上,循序渐进帮助其进步。

石头
剪刀布

再说一句

● 让那些感觉极其不安的孩子逐渐安心下来,是需要花费时间的。老师应不急不躁,循序渐进,有时可能甚至需要退回到前一阶段,通过反复的辅导来帮助孩子调整心态。

● 或许有些老师会因为这个孩子只跟别的老师亲近,一点都不跟我亲近而感到烦恼。其实,在发育方面存在一定认知失衡现象的孩子往往是根据自己的感官信号对某个特定老师产生执着的偏好,并不一定是因为不喜欢而躲避其他人。因此,不被亲近的老师不必自责,应从长远考虑,相信早晚能与孩子搞好关系,并为与孩子建立起良好关系而努力。另外要注意的是,孩子之所以与某位老师亲近,也有可能是因为这位老师的指示非常明确等原因,从而令孩子感到他易于相处。对于这种情况,老师也应注意在平时观察其他老师的应对方法,从中了解和学习与这个孩子接近的技巧。

入园
自由活动
集体活动
排泄
散步
就餐
穿脱衣
午睡
放学

10 不断改变游戏内容

为什么会这样？

- 不知道该做什么好？
- 其实并不想玩？
- 注意力无法持续集中？

如果孩子不知道该做什么好……

试试
这样做?

①营造环境，帮助其找到自己想做的事情

　　如果幼儿园中的各种玩具、物品是不加区别的随便放置在各处，有的孩子在挑选玩具进行游戏时可能就会遇到困难。此时，老师应考虑对环境进行改善，划分出图书角、过家家角、积木角等区域，让孩子一目了然地明白各区域的用途，帮助他更顺利地找到自己想玩的东西。

　　另外，还有的孩子可能不明白在户外可以做哪些游戏。对于这种情况，老师可以制作一个地图，使用照片或图片标明各个区域分别可以做哪些游戏。这张地图可以粘贴在鞋柜附近，活动前老师可以询问孩子想玩什么游戏，使孩子明确自己想玩的内容。

②向其介绍游戏内容

　　有的孩子可能不知道有哪些游戏或者不清楚该如何进行游戏。对此，老师可以在自由活动的时间里带着他一起在教室或户外转转，然后向他一一介绍其他孩子正在玩的游戏，让其对各种游戏进行一次观摩学习。

　　如果孩子在观摩学习过程中对某项游戏表现出了兴趣，老师可以与他一起加入其中。为了让孩子产生"真开心！还想再玩！"的情绪与期待，老师必须做好榜样，愉快地投入到游戏中去。

如果孩子其实并不想玩……

试试
这样做?

①引导其观看其他孩子做游戏

那些看上去对游戏不太感兴趣的孩子, 其实也在通过观看其他孩子游戏的样子进行学习。有的孩子通过观看别人游戏, 也能感受到与其他孩子一起游戏的愉快心情。

老师可以将孩子的这种状态看做是面向下一阶段的充电过程, 不必过于焦虑, 只要持续关注孩子就可以了。

②让其通过模仿其他孩子感受游戏的乐趣

如果这类孩子表现出对其他孩子的游戏感兴趣, 老师可以单独为他提供这个游戏的玩具或道具。等其他孩子不在时, 问问他"要不要玩一下?", 并尝试引导他重现刚才的游戏。

开始的时候, 老师可以与孩子一对一地进行游戏, 然后慢慢让其他孩子加入到游戏中。根据孩子在游戏中的表现, 逐步帮助其拓展游戏的范围。

57

如果孩子注意力无法持续集中……

①提供更能吸引其兴趣的玩具或游戏

首先，老师必须反省教室里提供的玩具或准备的游戏内容是否缺乏魅力，因为这有可能是孩子注意力无法持续集中的主要原因。

除了要多准备一些孩子感兴趣的游戏外，老师还要在游戏的介绍环节上下功夫。如"我们先来折一个纸飞机，然后玩飞飞机游戏"，使用简单的语言对游戏过程进行说明，可以使孩子对游戏产生心理预期，游戏的开展也会更容易。

②创造有利于其集中注意力的环境

重新整顿幼儿园环境以便令孩子更容易集中注意力，这一点也同样重要。有的孩子在刺激源较多的环境中很难持续集中注意力。对于这种情况，老师可利用一些隔断来为其提供独立的空间，或者充分利用墙边、墙角等相对独立的空间作为这类孩子游戏场所。

利用隔断营造相对独立的空间。　　用纸板箱制作独立空间。

③明确游戏开始及结束的时间

在"自由活动"这个时间段不甚明确的过程中,有的孩子会因为不清楚具体的开始和结束时间而无法集中注意力。

老师可对这类孩子进行个别辅导,告诉他"从现在开始是自由活动时间",或者使用时钟等道具明确告诉他开始与结束的时间,想办法让孩子可以把握游戏的时间范围。

> 这根长针走到小熊这里的时候,自由活动就结束了哦!

可以在自由活动的结束时间处贴上孩子喜欢的卡通人物贴纸,表示"到这里结束"。

再说一句

● 老师必须明白,并不是所有孩子都会自己挑选自己喜欢的游戏或玩具。

● 两岁左右的孩子正好处于兴趣经常变换、注意力无法集中的阶段。老师不应随意判断孩子是否存在发育障碍,而应在了解孩子发育过程的基础上,针对其特点探寻问题的具体原因。

● 那些不会主动提出要求的孩子虽然照看起来比较省心,但同时也更容易被忽略。老师应多与这类孩子进行一对一的接触,加深对其的了解。

11 只玩特定游戏，不会拓展

好啊!

我们来玩抓妖怪游戏吧!

这里画什么颜色?

红的!

嘟~嘟~

为什么会这样?

· 不明白其他游戏的规则?

· 兴趣范围较窄?

入园

自由活动

集体活动

排泄

散步

就餐

穿脱衣

午睡

放学

如果孩子不明白其他游戏的规则……

试试
这样做?

①引导其通过观看其他孩子做游戏学习其他游戏的规则

有些孩子由于不明白各种游戏规则，不敢轻易尝试或加入新游戏。对于这种情况，老师可以陪他一起观看其他孩子做游戏，并在观看其他孩子做游戏的过程中把游戏规则告诉给他（详情请参考第56页至第57页）。

如果孩子兴趣范围较窄……

试试
这样做?

①逐渐改变游戏元素并扩大游戏范围

有的孩子兴趣比较单一，存在"说到游戏就必然是这个"的观念，非常偏执于从某种特定的游戏中获得愉悦感。

火车开过来了哦!

咔嚓咔嚓

当这样的孩子正在玩他喜欢的游戏时，老师可以悄悄地接近他，在他身边陪他一起玩。然后慢慢地将具有相同元素的其他玩具带入到游戏中，吸引他来玩，帮助他逐步扩展玩具的选择范围。

再说一句

● 人有时候是可以偏执的。有些人可以很好地将自己的偏执发挥到工作中去，展现出某方面的非凡才华。需要明白的一点是，老师们要做的并不是彻底消除孩子的偏执，而是充分利用这种偏执，逐步拓宽孩子的兴趣与能力。

12 喜欢危险场所

小L，快下来！

- 不明白什么是危险？
- 对疼痛及恐惧比较迟钝？
- 喜欢站在高处的感觉？
- 希望引起别人注意？

如果孩子不明白什么是危险……

① 使其明白"危险"的含义，帮助其树立危机意识

　　有的孩子并不理解"危险"究竟是什么以及为什么有些事情是不能做的。老师应当用浅显易懂的图画或标志为这类孩子做出说明并在禁止进入的区域明确做上标记，通过反复强调"哪些是被禁止的行为"来预防危险的发生。

　　每当孩子做出危险行为时，老师应用"很痛吧"、"好危险啊"等语言，让他渐渐认识到"危险"的具体含义。

如果孩子对疼痛及恐惧比较迟钝……

① 帮助其体会各种不同的感觉

　　有的孩子感觉比较敏锐，而有的孩子则感觉较为迟钝。老师可以通过如下现象来确认孩子感觉迟钝，比如在受伤时不太感到疼痛、在危险场所也不会感到恐惧、可以在高处随便玩耍等。

　　老师应有意识地选择适当的时机，运用"好痒啊"、"好冷啊"、"好疼啊"等用来各种感觉的词语多与这类孩子进行交流，尽可能地帮助他将这类词语与实际感觉结合起来。

**试试
这样做?**

①将其引导到其他可以感受到"快乐"的游戏中

有的孩子站在高处时会感到身心愉悦,并为了追求这种感觉而执着于前往高处。如果直接阻止这类孩子的这种行为,只能起到扰乱其情绪的反作用。可能的话,老师还是应尽量将他引导到其他可以感觉"愉悦、快乐"的游戏中去。

比如,老师可以通过为其挠痒、引导其做大幅度身体运动、培养其平衡感觉等方式,刺激这类孩子的各种感官体验,将其引导到可了解各种身体运动方式的游戏中去。这样的方法也可以帮助他慢慢理解原本无法知到的"高"、"危险"等概念。

如果孩子希望引起别人注意······

**试试
这样做?**

①确保其在各种场合中均能感受到被关注的快乐感

有的孩子爬到高处只是为了吸引别人的注意。在这种强烈欲望的驱使下,这类孩子会故意爬到高处等危险场所,以此来获得大家的关注。

这类孩子一般很少受到表扬,自尊心也较低。老师应帮助他在其他各种场合受到班里其他孩子及老师的善意关注。只要在平时不断积累被关注的快乐体验,他就会意识到没有必要通过危险行为来获得关注。

在每天的早会上表扬他

全体老师都向他打招呼

向家长转述他的"优点"

当着孩子的面,向家长转述孩子的优点。

向其他老师介绍孩子的"优点"

在孩子可以注意到的情况下,老师们可以表扬孩子的优点,并委婉地谈及希望其改善的缺点。

再说一句

● 不同孩子在感观方面的发育速度有所不同,有的孩子在这方面的发育需要经历相当长的时间。在促进孩子感官发育的同时,老师还应时刻防止事故发生。

● 老师应该在平时了解每个孩子的优点,并时常给他们正面评价。这样 可以让全班孩子都处在互相看到对方优点的良好氛围中。

13 不会收拾房间

为什么会这样?

- 无法顺利调整情绪?
- 不记得应该将物品放到哪里去?
- 忘了现在是要收拾房间?

如果孩子无法顺利调整情绪……

试试这样做？

①为其事先预告游戏结束后的收拾时间

　　有的孩子对活动流程无法做出明确的预见，很难顺利地将自己的情绪调整到下一项活动中。老师应事先以简明易懂的方式告诉这类孩子接下来的安排，帮助他安静顺利地进入下一项活动（收拾房间）。

利用时钟

利用倒数歌

倒数歌

如果孩子不记得应该将物品放到哪里去……

试试
这样做?

①让物品摆放场所的标志更简明易懂

对于那些倾向于通过视觉标记进行理解的孩子，老师可以考虑重新改善幼儿园环境，在标示物品存放位置时采用更简明易懂的方式。这样的标示方式不仅对有上述倾向的孩子有帮助，对其他孩子来说，也是一种更亲切易懂的好方式。

另外，应尽可能保持书架等用来收纳的物品的位置固定不变，以免引起这类孩子在认知上的混乱。

利用图画及文字进行标示

利用照片来标示

②以具体易懂的方式向其说明

老师应尽可能具体而详细地向这类孩子说明哪些物品应该收拾到什么程度，这样可以帮助他产生心理预期，并安心投入到整理工作中。

我们把这三本书放到书架上去吧!

如果孩子忘了现在是要收拾房间……

试试
这样做?

①缩短其活动过程

如果某项活动中的步骤过多或者行动路线过长,有些孩子很可能在行动过程中忘掉要做的事情。

因此,活动内容应尽可能简单,并设法让这类孩子可以在短距离内完成(关于缩短行动距离的方法,请参考第19页)。

再说一句

● 在采取辅导措施后,老师应注意观察这类孩子在行动过程中稳定性的变化,计算一下他需要辅导多少次才能做到正确、流畅地完成任务,这个数据也可作为今后进行同类辅导时的参考。

入园 自由活动 集体活动 排泄 散步 就餐 穿脱衣 午睡 放学

14 无法顺利进入下一个活动

为什么
会这样?

· 不清楚活动的开始与结束?
· 对接下来的安排没有预期, 无法理解下一个
  活动内容?

如果孩子不清楚活动的开始与结束……

试试 这样做?

①在活动开始前与其约定好结束信号

对于那些不知道如何结束手头活动的孩子, 老师可以在活动开始前先与他约定好活动结束的信号。老师可以根据其理解能力, 灵活选择适当的信号方式。

在活动结束时, 老师可以告诉大家, "我们很完美地结束了这项活动, 接下来我们去做游戏吧", 以这样的方式向这类孩子预告接下来的活动内容, 帮助其更安心地进入下一项活动。

语言信号

时钟信号

声音信号

入园 自由活动 集体活动 排泄 散步 就餐 穿脱衣 午睡 放学

②对其进行个别预告

在方法①的基础上，老师可以在活动结束前5分钟左右时，对这类孩子单独进行一次预告，这会起到更好的效果。必要的时候，除了用语言进行提醒外，老师还可以与这类孩子一起收拾玩具，在这样逐步的引导下，使其可以独立收拾玩具并顺利转换情绪。

> 小N，这个游戏马上就要结束了，跟老师一起开始收拾玩具吧！

除此之外，老师还可以告诉他说："小N，接下来要开始抢椅子游戏了，我们赶快先把这些玩具收拾好吧！"这不仅可以让孩子对下一项活动产生期待，同时也可以让他知道当前的游戏已经结束了。或者也可以说："小N，看一下时钟，已经到了说好的10点。到10点游戏就该结束了，跟老师一起收拾玩具吧！"通过让孩子看时钟来帮助他调整行为内容。总而言之，老师应采取孩子易于接受的各种方式来传递这个活动已经结束了这一信息。

> 看下时钟！已经到了10点啦！

③简洁明了地告知下一个活动的开始

如果能很明确地告诉这类孩子接下来"要做什么"、"怎么做"、"做多长时间"、"怎样才算完成",那么其行为就不容易出现混乱,也更易于让整个班级采取统一行动。

当这类孩子仍然处在前一个游戏的余韵中,班级整体氛围嘈杂纷乱时,他一般很难做出良好的反应。因此,在下一项活动开始时,老师应利用有助于调整其情绪的教学道具及合理的说话方式,帮助他集中注意力。

使用易于吸引孩子注意力的道具   使用固定的语言及交流方式

利用可以发出声音的物体、闪光的物体或者会动的物体来发出信号,更有助于吸引孩子的注意力。不过,有些感觉过敏的孩子可能反而会因为这样的道具而产生不适感,因此老师在使用这些道具时必须注意到每个孩子的不同情况。

老师可以与这类孩子事先约定如果老师说这句话,就要注意听老师讲。活动中如果出现混乱或希望孩子们调整状态时,老师就可以灵活运用这个方法。

如果孩子对接下来的安排没有预期,无法理解下一个活动内容……

①灵活运用日程表

老师可以将班级的一天日程做成表格,粘贴在教室里比较醒目的位置,帮助这类孩子更清晰地了解一天的日程安排。

在每项活动开始前,老师可以一边让孩子看日程表,一边告诉他"接下来我们要开始做……",活动结束时则告诉他"……活动到这里就结束了,下面开始吃点心"。一旦活动结束,就可以直接从日程表上擦除该项目,或者摘掉用来表示该活动内容的图画或照片,将"已结束"这一概念明确传递给孩子(日程表请参考第14页)。

一日日程表	明确"已结束的活动"

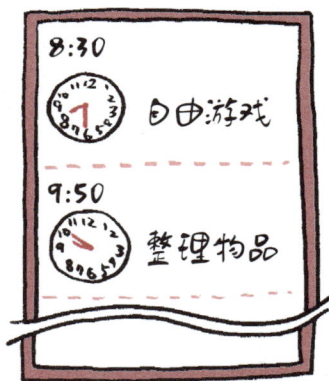

用文字描述活动内容的同时,可利用时钟等图形元素帮助孩子理解一日的安排。

擦除已结束的项目,可以帮助孩子更明确地了解接下来要做什么。

此外, 老师还可以在放学前与全班孩子一起回顾一天的日程并将这种活动转变成一种习惯, 这也有助于这类孩子把握幼儿园的生活流程。

再说一句

● 有些孩子一旦完全沉醉于游戏中, 就很难依靠自己的力量主动结束游戏。如果老师就此训斥他, 那么他就会觉得原本兴趣盎然的游戏变得索然无味。帮助孩子结束游戏的理想方式应该是这样的: 首先以"这个游戏很有意思, 我们下次再玩吧"等语言让孩子感到满足, 然后通过"接下来我们要做……"的告知方式令孩子对接下来的活动产生期待。

● 在新学年刚开始的一两个月, 由于班主任、教室、新同学的变化, 很多孩子都会变得局促不安。对于这种情况, 老师应首先从确定班级集合方式及设法让孩子听老师说话做起, 为今后班级活动的开展奠定基础。

15 听不懂老师的说明并无法做出反应

请大家把蜡笔和画本拿出来放到桌上！

好

小○……

……

· 在语言理解上存在困难？

· 没听清楚？

· 无法一次性理解大量信息？

· 在集体活动中无法理解老师的说明？

如果孩子在语言理解上存在困难……
如果孩子没听清楚……

试试
这样做？

①采用语言解说和图画展示的方式帮助其理解

当老师针对活动准备、物品整理或游戏方法进行解说时，有的孩子很难仅靠听觉理解其含意。对于这类孩子，老师可以利用图片或照片等视觉元素进行说明，来帮助他更好地理解。

另外，老师还可以为这类孩子找一个模仿对象，如告诉他"学小B的样子一起做"，这种做法也会有不错的效果。当孩子逐渐能够理解语言指示后，老师再逐渐减少视觉元素等辅助手段。

图片说明法

明确榜样法

使用插画说明水果篮游戏的规则。

②根据孩子的视角来改善环境

有的孩子因为对物品整理场所或游戏区域的环境不太了解，从而无法执行老师的行动指示。如果老师能在物品整理场所贴上提示用的照片或图画，或在游戏区域提供提示信息以标明游戏内容，那么这类孩子会更容易地将老师的说明与自己应当采取的行动结合起来（物品整理场所的提示方法请参考第68页）。

入园

自由活动

集体活动

排泄

散步

就餐

穿脱衣

午睡

放学

①尽量简单地进行说明

试试
这样做？

有的孩子在一次性接收大量信息时会出现理解困难。老师在向孩子进行说明时，应时刻注意不要一次说太多的事情、语言要简洁、只说必要的事情。同时，老师在说明时除了要让孩子用耳朵听之外，还可以使用视觉元素进行信息传递，帮助孩子更好地理解说明内容。

语言尽量简洁

现在我们要出去玩了，请大家戴好帽子，穿上鞋，到外面排队。走路的时候不要推别人。

→

戴上帽子。

到攀登架那里集合。

利用图片辅助说明

我们先说第一件事。

把蜡笔拿到桌上来。

蜡笔　画纸

如果孩子在集体活动中无法理解老师的说明……

试试
这样做？

①在说明中加入其名字

有的孩子身在集体中时，会缺少自己也是集体中一员的意识，因此很难认真去听老师说语。

在向全班孩子做说明时，老师可以有意识地在说明中加入这类孩子的名字，以提醒他带着自己也是集体一员的意识去听老师说话。等他逐渐习惯后，老师可以逐渐减少在说明时提到其姓名的次数。

小口也要注意听哦！

②引导其观察并模仿其他孩子的行为

老师可以告诉这类孩子"注意看小B哦"，让他知道可以参考其他孩子的行为，并通过观察来进行模仿。当孩子知道身边有这样的榜样存在时，即使他在集体活动中没能很好地理解老师的说明，也可以跟随其他孩子一起展开活动。

再说一句

● 其实简洁的说明不仅对存在上述问题的孩子来说是容易理解的，而且对于其他孩子来说，也都是容易理解的。

● 当孩子根据老师的指示采取了正确的行动时，老师应立即给予表扬，如"做得好棒"，让孩子实际感受到听从指示完成行动后的成就感。

● 在每次升级时，老师应尽量避免教室环境出现巨大变化。如果物品整理场所及游戏场所等的环境在新学年突然出现巨大变化，有的孩子的情绪就会受到较大的影响，必须需要老师从头开始帮助其稳定情绪。

入园 自由活动 集体活动 排泄 散步 就餐 穿脱衣 午睡 放学

16 突然跑到教室或者幼儿园外面去

为什么会这样?

· 教室里存在其无法忍受的刺激源?

· 容易对感兴趣的刺激源产生反应?

· 活动时一进展不顺利就无法控制情绪?

如果教室里存在其无法忍受的刺激源……

试试
这样做?

①采取有利于稳定其情绪的应对策略

首先老师要理解的是,有的孩子会对某种声音有过敏反应,对特定音量或音色会产生强烈的不安及恐惧,并试图逃离这种刺激源。

当教师里突然出现这类孩子无法忍受的声音时,老师应立即靠近并拥抱他,将其带离教室。等孩子逐渐平静后,再安慰他说"已经没事了,刚才吓了一跳吧",以免孩子对教室产生"可怕的房间"、"令人难受的房间"等负面印象。

有的孩子甚至会因此出现身体僵硬无法动弹或者恐惧万分六神无主等现象。

对于这些情况,老师应根据具体原因慎重采取不同的对策,比如为孩子准备避难场所,将运动会上的发令枪方式改为吹笛子或拍手等方式,或者让孩子在防灾训练日迟一些来幼儿园等等。

入园 自由活动 集体活动 排泄 散步 就餐 穿脱衣 午睡 放学

已经没事了哦!

②教给其躲避刺激源的方法

幼儿园可以为这类孩子准备一个"可以冷静下来的空间"，以帮助他躲避无法忍受的刺激源并重新调整自己的情绪。如老师可以在教室一角用隔板进行隔断或利用老师办公室的一角来创建这种空间。此外，老师还应告诉这类孩子这个空间可以根据自己的需要来使用，绝不是用于惩罚目的。老师要让这类孩子明白，当他需要一个人躲起来时，可以在这里稍微休息一下。

另外，老师还应事先告诉这类孩子如何应对防灾训练中的警报音等可预见的声音。比如，老师可以告诉这类孩子在听到自己不喜欢的声音时把耳朵捂起来。

③帮助其获得班里其他孩子的理解

每个人都有自己不喜欢的东西，也有逃避这些事物独特的应对方法。老师应创造机会，组织全班孩子一起讨论这个话题。如不仅要教给这类孩子②中提到的应对刺激源的方法，同时也应该教给全班孩子这种方法，帮助这类孩子获得班级其他孩子的理解。

另外，假如小P对某种声音敏感，老师可以告诉其他孩子："小P不太喜欢这种声音，如果他听到这种声音，就会把耳朵捂起来，让自己听不到这些声音。他做得很好哦！"这样的说明方式可以让其他孩子理解小P的行为。

如果孩子容易对感兴趣的刺激源产生反应……

试试
这样做？

①减少刺激源

有的孩子对声音及周围环境反应敏感，很容易跑出教室或幼儿园，去追逐那些刺激源。老师应在尽可能的范围内努力减少可能成为孩子刺激源的事物。

此外，当突然出现巡逻警车等的鸣笛时，老师可立即对孩子说"小P，我们来玩这个吧"。帮助孩子将注意力集中到目前正在进行中的事情上。

灵活运用窗帘及隔板

避免让这类孩子坐在容易接触到刺激源的窗边或靠近走廊的位置

②设法防止其跑出规定区域

老师可以将这类孩子的座位安排在较难离开教室的位置。当全班孩子一起活动时，老师应站在活动区的出入口附近进行监督。通过各种方法有效防止这类孩子跑出规定区域。

另外，当看到有孩子跑出幼儿园时，全园老师均应采取统一营救对策。要做到这一点，需要老师们在平时就达成统一的认识。

我们回
蒲公英班吧！

小P，我们回
蒲公英班吧！

我们回
蒲公英班吧！

试试
这样做?

①仔细观察其行为, 探寻真正的原因

有的孩子在事情进展不顺利时, 会立刻跑出去, 逃到其他房间或玩具活动区, 寻找能令自己感觉舒服的环境。长此以往, 这将慢慢变成其逃避现实的一种习惯, 所以老师应尽可能帮助孩子克服掉这种逃避行为。

另外, 老师可使用"行为记录表"记录这类孩子在什么情况下比较容易出现跑出教室的行为(关于行为记录表, 请参考第13页、第35页)。如果可以从记录中找一些规律, 自然就能找出相应的原因, 然后就可以探讨该如何控制这类孩子的情绪了。

利用行为记录表观察这类孩子在何种情况下较易出现逃离行为

帮助这类孩子及时调整情绪的方法

替孩子说出他的想法。

帮助孩子冷静下来。

向孩子提供解决方法。

②帮助其克服挫折感

有的孩子一遇到自己不擅长的活动就会逃走，无法冷静地参与下去。对此，老师应积极帮助这类孩子成功完成活动，使其获得成就感。

如果有的孩子因为无法理解集体游戏规则而逃走，那么老师可以先陪着他一起观看其他孩子如何做游戏。从100%的辅导开始，慢慢将辅导的比例降到90%、80%，手牵手逐步帮助其成长。

再说一句

●感觉过敏并不仅限于声音过敏，有的孩子还会出现皮肤过敏或味觉过敏等情况。老师应具体把握不同孩子的感官特性，做出相应的对策。

17 无法参加听老师讲绘本故事类活动

为什么会这样?

- 无法集中注意力?
- 容易受周围环境干扰?
- 无法理解故事的内容?

入园 自由活动 集体活动 排泄 散步 就餐 穿脱衣 午睡 放学

如果孩子无法集中注意力……
如果孩子容易受周围环境干扰……

试试这样做?

①重新审视教室环境及讲故事的方式

如果老师在给孩子们讲绘本故事时，发现孩子们经常吵闹、无法保持安静，那么老师就必须重新审视一下教室的环境布置及故事的讲解方式是否存在问题，使孩子无法集中注意力。老师应考虑教室环境是否能保证孩子们看得见、听得清，老师讲故事时的速度、声音大小、断句等是否合理。老师之间也可以互相听彼此的讲故事方式并确认是否合理。

还有一点很重要，那就是在开始讲绘本故事前，老师应先问一下全班孩子"大家都能看得清楚吗"。

座位安排是否方便孩子们看清老师

安排座位时应避免孩子的视线受到阻挡。

周围环境中是否存在多余的干扰

孩子们是否处在逆光状态下

注意讲故事的方式

采用更能吸引孩子、有节奏变化的讲故事的方式。

②创造充满期待的氛围

老师在给孩子们讲绘本故事前，应首先想办法营造一个良好的氛围，令全班孩子对接下来的故事充满期待。例如，老师可以带领孩子们一起唱唱歌或做手指游戏等导入性活动。

试试这样做？

如果孩子无法理解故事内容⋯⋯

①选择内容简单、节奏感更强的绘本

对于那些在内容理解上存在困难的孩子，老师可以先为其讲一些具有大量重复性语言、节奏韵律感更强并且情节更为简单的故事。鼓励这类孩子挑选自己喜欢的绘本，由老师在集体阅读前先为他进行一对一的讲解，将会获得更好的效果。

让孩子享受更具韵律感的声音

我们来讲"九色鹿"的故事吧。
咚咚咚 ♪
♪ 咚咚咚

老师讲完故事后，可以安静地将绘本一页一页再翻给这类孩子看一遍，为其提供更多的时间去加深印象，确保其更加集中注意力去想象故事中的世界。

此外，如果故事过于简单，有些孩子可能会感觉无聊。老师可以先拿出5本左右的绘本，让全班孩子来决定阅读哪本。这样，当老师给孩子们讲他们亲自挑选的绘本时，他们将感受到更多的喜悦感与满足感。

②讲绘本故事时要发音清晰、抑扬顿挫

老师在给孩子们讲解绘本故事时, 应注意保持发音清晰。名词、动词等关键词汇的发音可以局部强化, 等孩子们逐渐习惯后, 再尝试将名词与动词连起来读。采用逐步递进的讲故事方式, 帮助孩子们理解故事内容。

即使有的孩子无法很好地理解故事内容, 老师也应引导他不断积累"与大家一起听故事感觉非常有趣"的体验, 这将有助于激发他继续听故事的意愿。老师在给孩子们读绘本故事时可辅助以肢体语言和手势, 并保持声音的抑扬顿挫, 确保孩子们听得更清晰。

再 说 一 句

● 在幼教工作中导入讲绘本故事环节时, 老师应设法让孩子们在"听"、"看"故事时保持对老师的持续关注。老师可以对孩子们说"现在大家看老师这边", 引导孩子们改变坐姿和方向, 并逐渐帮助孩子养成持续关注老师的习惯。

18 无法参加制作类活动

为什么会这样？

· 不理解制作步骤？
· 手指不够灵活？
· 不喜欢涂浆糊？
· 不知道怎样画画？

如果孩子不理解制作步骤……

试试
这样做？

①将制作过程做成步骤表

有的孩子会因为不了解活动内容而无法参与制作类活动。对于这种情况，老师可以将活动以图解的方式向其进行说明。

首先，老师可以让这类孩子先看一下成品的样子，这可以帮助他理解接下来要做的是什么。然后，老师可以结合步骤表，边说明边为其做示范。当孩子看到完成时的作品与一开始展示的成品一样时，他对活动的理解就会加深。引导孩子参照步骤表和老师一起逐步完成制作的指导方式，对任何孩子来说都更加有效。

折纸步骤表。可以在纸上画上线，表示要在这里折叠，并在需要对齐的部位画上相应的记号，方便孩子理解。

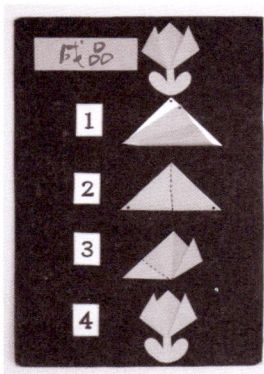

如果孩子手指不够灵活……

试试
这样做？

①帮助其不断积累成功体验

那些手指不够灵活或者无法很好地使用工具的孩子容易对手工制作活动产生厌恶情绪。老师可以根据这类孩子具体的能力水平，先帮助其完成部分内容，然后再让孩子继续完成接下来的内容。这样他就可以体会到成功的喜悦感。具体的辅导程度需要根据每个孩子的具体情况进行调整。

只要把草莓放上去就全部完成啦！

成功啦！

②循序渐进地帮助其加强不擅长部分的训练

老师应针对这类孩子最不擅长的活动制定一个特别训练计划，在平时分阶段地指导其循序渐进地提高制作技巧。

这种训练可以通过游戏的方式来完成，如由老师先进行演示，或手把手帮助孩子完成，并在此过程中教会孩子拿工具、使用工具的方法。

循序渐进地个别辅导

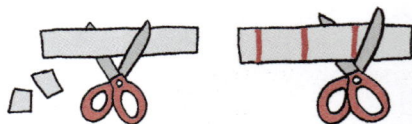

①随意剪。 　　②按照指定线条剪。

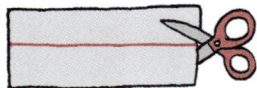

③练习剪下一定长度的线条。

④练习剪曲线。

⑤练习剪圆形。

③和其一起玩手指游戏

对于手指不够灵活的孩子，老师可以通过游戏培养他运用手指进行精细运动的感觉。比如，在沙地上充分接触土壤与水可以培养手指感觉，积木或拼图等游戏则可以提高手指的操作能力。此外，老师也可以与他玩一些需要进行手指及手腕运动的游戏项目。

如果孩子不喜欢涂浆糊……

试试
这样做?

①帮助其减轻厌恶感并引导其逐渐习惯涂浆糊

有的孩子非常不喜欢浆糊粘稠湿滑的感觉。对于这种情况,一开始,老师可以代替这类孩子涂浆糊,避免其直接接触浆糊。然后可以根据这类孩子的具体情况,慢慢引导其习惯浆糊的感觉。孩子使用浆糊时,老师应准备好毛巾等物品,让他可以随时擦去手上的浆糊。如果孩子无论如何也不肯接触浆糊,也可以考虑让他使用固体胶等工具。

让孩子逐渐习惯浆糊

①老师负责抹浆糊,孩子只要粘贴就可以了。

②在孩子习惯浆糊前,应避免让孩子的手指直接接触浆糊,可让其使用棉棒等工具进行涂抹。

③逐渐引导孩子从少量浆糊开始慢慢练习。

注意,不喜欢浆糊的孩子多半也有讨厌手指画或摁手印等活动的倾向。对于这类孩子来说,将粘稠的东西涂抹到手上或脚上是一件非常痛苦的事情,这种痛苦无法通过获得理解或单纯的激发成就感等方法得到缓解。因此,老师不能过分勉强他参加此类活动。

如果孩子不知道该怎样画画……

①引导其亲近"画画"

有的孩子不明白"画画"是怎么一回事。对于这类孩子，老师首先要引导他亲近"画画"。老师可以先画给孩子看，或者手把手地教孩子怎样画画。

另外，引入一些画画歌也是不错的方法。引导孩子一边唱画画歌，一边逐步完成画画，这种方法既方便孩子理解，又有趣。在日常游戏中导入这些方法，可以有效帮助这类孩子更快地亲近画画。

画画歌

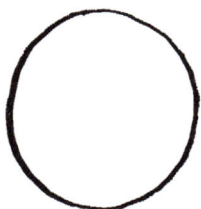

①先画一张大饼。

②再画两根筷子。

③加上两粒豆豆。

④把三角形的饭团放到碟子里。

⑤再画两个小耳朵。

⑥就是个小男孩（小女孩）！

②对图案、形状等元素进行提示

对于不喜欢画画或造型游戏的孩子，老师可以在日常游戏及讲绘本故事等活动中，教给他一些表示形状及大小的词语。

此外，老师可以在这类孩子画画时用"……好大哦"、"还有……呢"等语言帮助其进行想象。无论孩子最终画出来的是什么样子，老师都应该夸奖他，如"画得好棒"，帮助其从画画中获得满足感。

在日常活动中

在讲绘本故事时

入园
自由活动
集体活动
排泄
散步
就餐
穿脱衣
午睡
放学

19 无法参加运动类游戏

为什么会这样?

- 运动能力较差?
- 不喜欢运动?

如果孩子运动能力较差……

试试
这样做?

①在班级活动中加入运动类游戏

"运动能力较差"是一种过于笼统的表达,其中可能包括体力不足、未掌握身体运动的方法、平衡感较差、方向感较差等各种情况。老师首先应了解这类孩子具体哪方面不太擅长,并采取相应有效的对策。

此外,老师还可以在班级活动中加入可以提高全身运动技能的游戏,帮助孩子通过每天的运动,更好地成长发育。

老师应明白,不同孩子在运动能力方面的确存在差异,不过有的孩子可能只是未掌握正确的身体运动方法。切忌让这类孩子对自己产生自卑感,一定要想方设法让其体会到身体运动的乐趣。

各种运动游戏

沿曲线
步行

跳圈圈

①全身运动类的器具游戏。　　②以"步行·奔跑·跳跃"为主的运动游戏。

入园

自由活动

集体活动

排泄

散步

就餐

穿脱衣

午睡

放学

97

③循环障碍跑训练等方式可以让孩子在保持紧张感的状态下运动身体。也可以引导孩子进行蜷曲身体、弯腰等训练，帮助其提高身体控制能力。

小鸭子

嘎嘎

小熊
呼味呼味

小企鹅

啪嗒
啪嗒

④引导孩子模仿各种动物的行走姿势。

气球吹
大了吗？

吹

将装有水的杯子
放在盘子上运送。

轻轻地

⑤引导孩子模仿漫画英雄的动作或做日常生活动作的哑剧表演，令运动更加快乐。

⑥通过舞蹈，教给孩子跟随节奏
运动身体的方法。

⑦帮助孩子通过手部游戏，熟练掌握操作
手指、手腕的方法。

⑧引导孩子在游戏中学习保持某一姿势并固定不变等控制身体的方法。

⑨引导孩子与其他孩子一起做体操运动，享受运动乐趣。

⑩引导孩子通过游戏，学习身体局部用力和放松。　　⑪引导孩子通过单腿站立，培养平衡感。

②在日常生活中多使用一些表达方向的词语

老师应在每天的幼儿园生活中有意识地使用"上"、"下"、"左"、"右"等表现方向的词汇，并配合动作进行说明，让这类孩子不断积累相关经验（详情请参考第143页）。

如果孩子不喜欢运动……

试试
这样做?

①帮助其感受到成功完成运动项目时的喜悦

因不擅长运动而存在自卑感的孩子往往会有不想让别人看到自己出丑、不想被别人羞辱的心态。如果总是失败,他参加运动的意愿就会越来越低。老师应帮助这类孩子逐步在运动中感受到成就感。

比如,如果这类孩子对参加运动表现出强烈的抵触,那可以先让他观看班里其他孩子做运动,在他了解运动流程之后,再鼓励他参加试试。即便孩子在开始的时候只能参加其中的部分环节,老师也应与他一起感受喜悦,循序渐进地引导他体会到运动的乐趣。

再说一句

● 一旦体会到运动与游戏的乐趣,孩子就会热衷其中。老师千万不要忘了让孩子注意休息。

● 运动能力的提升有助于改善身体轴心的平衡,从而使孩子的坐姿得到矫正,集中注意力的时间持续得更长。当孩子学会步行、奔跑等动作后,其身体动作将变得更加灵敏,体力也会增强,在游戏或活动中的表现也将更为活跃。

20 无法参加集体游戏

为什么
会这样?

· 不理解游戏规则?
· 执着于在游戏中获胜?
· 过于恪守游戏规则,无法原谅其他孩子违反
  规则的行为?
· 完全按自己的规则进行游戏?

如果孩子不理解游戏规则……

试试
这样做?

①引导其观看游戏规则，帮助其理解

老师不仅要用语言对游戏规则进行说明，同时还应通过图片展示或实际演示等方式进行说明，这将有助于这类孩子更好地理解游戏规则。关键是要选择对这个孩子来说最容易理解的方式进行说明（关于图片的灵活运用，请参考第77页）。

一开始，老师可以和孩子们一起参与游戏，在游戏过程中对这类孩子进行辅导，然后再逐渐脱离游戏。当这类孩子可以独立参与游戏时，老师应给他充分的表扬，帮助其建立自信。

如果孩子执着在于游戏中获胜……

试试
这样做?

①给规则增加更多的变化

老师要避免让这类孩子树立"获胜就是最好"的绝对价值观，应想办法引导这类孩子意识到即使未能获胜、未得第一，也同样可以是好的结果。要做到这一点，老师本身就应首先采取更为灵活的应对方式，做到快乐地游戏而不拘泥于规则或胜负。

让孩子体验到，并不是"获胜"的人才能获得好处。

让孩子明白，无论排在哪里都是一样的。

②帮助其拥有与大家一起做游戏很快乐的心情

老师应引导孩子明白，游戏并不仅仅意味着胜负输赢，更重要的是大家一起做游戏的快乐心情。

老师应避免孩子陷入"我这么努力却输掉了，以后再也不玩了"的心情中，可通过"输了虽然很可惜，但你投球的姿势很酷，速度也很快，一样很棒哦"这样的表扬，指出孩子身上的闪光点，使其下次仍能保持积极向上的心态。

**如果孩子过于恪守游戏规则，
无法原谅其他小朋友违反规则的行为……
如果孩子完全按自己的规则进行游戏……**

试试
这样做?

①引导全班孩子一起讨论并确定游戏规则

有的孩子特别重视游戏规则，并且会要求其他孩子严格遵守这些规则，其结果就是常常造成问题。另外，还有的孩子会创造自己的规则，无法与其他孩子一起顺利做游戏。

为了使全班孩子一起遵守共同制定的游戏规则、积累与其他孩子一起快乐游戏的经验，老师应该在游戏规则的制定上多下功夫，并对这类孩子做出相应的辅导。另外，当游戏中因规则原因出现问题时，老师应告诉大家不能对违反规则的孩子恶语相向，要一起想办法告诉他正确的规则。对于不太理解规则且经常引起问题的孩子，老师可以在一定时期内多次进行个别辅导。

组织全班孩子一起确认游戏规则

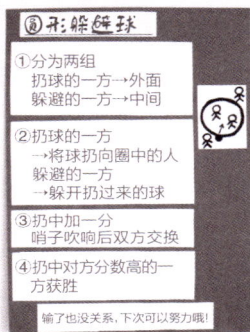

圆形躲避球

①分为两组
扔球的一方→外面
躲避的一方→中间

②扔球的一方
→将球扔向圈中的人
躲避的一方
→躲开扔过来的球

③扔中加一分
哨子吹响后双方交换

④扔中对方分数高的一方获胜

输了也没关系，下次可以努力哦！

大家一起确认规则。

我们说好了哦！

约定
·被扔中的人要到圈外去。
·不能扔同学的头或者脸。

游戏规则应粘贴在全班孩子都能看到的地方，并让大家一起确认。老师可以在确认过程中点出可能出问题的孩子的名字，提醒他注意。当游戏过程中出现纠纷时，还可以让孩子们再次确认张贴出来的规则。

我们说好了不可以扔小朋友的头哦！所以这次不算！

被扔中的人要出去！

应避免某些孩子随意使用自己的规则，游戏裁判可由老师担任，并明确违反规则时的处理方法。

大家都能遵守游戏规则，玩得很好哦！小心也很棒！

是！

如果这类孩子在游戏中能够遵守规则，应在表扬所有孩子的同时，点出这类孩子的名字进行个别表扬。

再说一句

● 游戏并不仅仅意味着胜负结果，只要能认真体会游戏开始前的紧张和游戏过程中的快乐，游戏本身就充满了乐趣。老师应培养孩子胜不骄、败不馁的精神以及与他人一起感受游戏乐趣的能力。

● 有时候，违反游戏规则的行为会令游戏失去乐趣，导致其他孩子的不满加剧。对于这种情况，老师应设法将孩子们分成不同的组，让每个孩子都能充分享受游戏乐趣。

21 无法参加水上游戏

为什么会这样?

· 不喜欢水沾到脸上或衣服上?
· 对游泳池存在恐惧感?

如果孩子不喜欢水沾到脸上或衣服上……

试试
这样做？

①尽量缓解其厌恶感

触觉过于敏感的孩子可能会非常讨厌脸上沾到水或者衣服稍微有点湿就会想要立刻脱掉。这类孩子对水的恐惧感是很难轻易消除的。

当这类孩子对水上游戏表现出强烈的抵抗情绪时，老师不应勉强其参加。如果孩子能稍微接触一下水，那就可以引导其从接触少量的水开始逐渐尝试。此外，老师还要教导这类孩子弄湿身体或衣服时如何尽快摆脱厌恶感。

随时擦除水渍	穿上防湿的衣物	正确洗手

为其准备好毛巾等物品。

让他穿上尼龙围裙。

把手伸出去就不会溅到脸上。

教给他避免淋湿脸的洗手方法。

如果孩子对游泳池存在恐惧感……

试试
这样做？

①不必过于勉强，逐步帮其改善状况

有的孩子会因为不知道游泳池有多深而不敢靠近泳池。一开始，老师可以抱着这类孩子在泳池边走动，让他看到其他孩子在水中快乐玩耍的样子。然后可以引导其先进入小型戏水池，从做游戏开始，让他逐渐感觉到放心。

22 无法参加角色扮演游戏

请喝茶！

哎呀，谢谢你啊！

为什么会这样？

· 缺乏想象力？
· 不清楚角色分配？

如果孩子缺乏想象力……

试试
这样做?

①通过绘本中的故事世界引导其展开想象

对于想象力较为缺乏的孩子, 老师可以在其参加集体角色扮演游戏前, 先给他讲一些绘本故事。通过这个过程引导其将感兴趣的题材带入到角色扮演游戏中。

比如, 如果孩子喜欢面包, 那么老师可以准备一些面包屋相关的图书或道具, 从他喜欢的东西开始帮助其拓展想象力。通过反复练习, 将其逐渐带入到面包屋角色扮演游戏的氛围。

借用这类孩子感兴趣的绘本或故事, 拓展其想象力。

②引导其从身边最亲近的人开始想象

有的孩子在角色扮演游戏中较为缺乏对角色的想象力。老师可以通过"妈妈会这样说吧"等提示方式, 举出其身边亲近的人的例子, 引导他拓展想象力。

③引入与实物非常接近的游戏道具

对于在角色扮演游戏中存在困难的孩子,老师可以使用尽可能接近实物的游戏道具,以帮助其更好地进行想象。比如在使用装有蔬菜和水果的料理游戏道具、西点屋游戏中的砂糖等道具时,都要尽可能使用与实物相接近的材料。

④引导其观看其他孩子做游戏

首先,老师可与这类孩子一起观看其他孩子做游戏的场景。当这类孩子尝试触摸道具或者极其专心地观看其他孩子并表现出对角色扮演游戏产生兴趣的样子时,老师可以适机引导这类孩子"一起去玩玩吧",趁此机会鼓励其参与到其他孩子的游戏中去。

如果孩子不清楚角色分配……

试试
这样做?

①从一对一的模仿游戏开始

有的孩子在角色扮演游戏中不知道自己该做什么。对此，老师可以告诉这类孩子从模仿老师开始。

老师可以引导这类孩子从其最喜欢的事情开始，并逐渐进行拓展，同时帮助其做出更加丰富的想象。

②帮助其将语言与行为相结合，了解角色任务

比如在商店游戏中，有的孩子分不清店员与顾客之间不同的角色任务。老师可以先做个示范，告诉扮演店员的孩子"要说'欢迎光临'"。如果孩子顺利说出来了，老师就可以结合孩子所扮演的角色，用适当的语言夸奖他，比如"糕点店的小店员说得很不错哦"。

再说一句

● 有的孩子虽然无法理解不同角色的任务，不能与其他孩子进行语言交流，无法参与到集体角色扮演游戏中去，但仍然可以从游戏现场的氛围中产生一种如同自己参与其中的感觉。对于这类孩子，老师只要配合他的成长步调，在旁边默默守护就可以了。

● 如果孩子对角色扮演游戏没有兴趣或者不理解游戏的意义，也不必勉强将他拉入到游戏中。

入园

自由活动

集体活动

排泄

散步

就餐

穿脱衣

午睡

放学

23 在需要保持安静时仍然说个不停

接下来我们出去散步……

昨天我跟妈妈出去买东西啦~

喋喋不休

嘘!

说个不停

为什么会这样?

· 无法抑制说话的冲动?
· 无法理解现场情况?

如果孩子无法抑制说话的冲动……
如果孩子无法理解现场情况……

试试
这样做?

①引导其阅读规则并帮助其理解

有些孩子意识不到自己正在说话,从而持续不断地说个不停。对于这类孩子,老师有必要首先引导他意识到自己正在说话。此外,对于想到什么就忍不住要说出来的孩子以及无法理解现场状况的孩子,老师也应帮助他们学会判断现在是否可以说话。

老师首先要引导全班孩子共同确认班级活动过程中的说话规则,并将之植入到这类孩子的意识中去。

约 定

☆ 听老师讲故事时不能说话。

☆ 听老师讲故事时要看着老师的眼睛。

☆ 想要说话时,要等老师讲完故事后,
　 先举手,再发言。

可以将约定写在纸上并粘贴出来。老师组织全班孩子共同确认规则时可以点出这类孩子的名字,让其意识到这个约定也包括自己在内。

老师可以与孩子们事先约定好发言次数的限制。为了让孩子们更好的理解,老师可以把已经发过一次言的孩子的名字写在黑板上,当他又想第二次发言时,向他指出黑板上的名字并进行提醒。

②发出提示信号对其进行提醒

老师说话时如果有孩子插嘴，可以用图片或卡片等方式发出信号，以起到提醒的作用，这样还可以避免中断正在说的话。老师可以根据不同需要，制作全班用或个人用的不同大小的卡片。卡片上可以仅使用图画来表示，也可以在图画上配合相应的文字。老师在使用时可以根据孩子的理解能力采用不同的形式。

使用图片卡

保持安静

配合孩子的理解能力，或使用图画
卡片或使用图文结合的卡片。

小A，要好好听老师讲故事哦！

然后

③为其设定单独的说话时间

如果在集体活动中没有充足的时间让某个孩子说话，可以在休息时间或自由活动时间里，一对一地为这个孩子提供一些听他说话的时间。

老师可以与这类孩子约定好"在这个时间听小A说话"。当他在集体活动中想要开始说话时，老师可以告诉他，"小A要说的事情，老师会在一会儿听你说哦"，让他暂时安心下来。

另外，老师在与这类孩子交流时，还应有意识地观察其说话时是否偏题、语言交流是否顺利、词汇使用及发音是否准确等问题。如果孩子在这些方面存在问题，则应记得将这些问题点一一记录下来。

④让其回想现在在做什么

当孩子表现出与现场状况不符的行为举止时，老师应随时指出"小A，现在我们在做……"或"现在我们在听……故事"，引导其意识到自己行为的不妥。

要注意，如果直接对这类孩子的行为进行简单地否定，不对他指出真正错误之处的话，有可能会令其对加入集体活动产生厌恶情绪，对此一定要非常小心。

（漫画对白）
小A，现在我们在说散步的事，小A也要听好哦！
刚才那个西瓜虫啊～

再说一句

● 说到多动，可能很多人会联想到身体动作较多，但多动其实也包括嘴巴多动的情况，这是指本人并未意识到自己正在说个不停，也即在无意识状态下不停说话的状态。老师可通过"你的嘴巴又张开了哦"这样的提示方式，引导这类孩子意识到自己正在说话。

● 话多的孩子在上学后将遭遇更多问题。考虑到孩子今后的就学，老师应从孩子的幼儿期开始帮助其遵守说话礼仪。此外，在幼儿园阶段内进行的辅导活动也应在小学阶段得到继承和持续。

24 不参加值日活动

为什么会这样?

- 不明白值日的流程和内容?
- 不知道自己该干什么?
- 不知道应该和他人共同值日?

如果孩子不明白值日的流程和内容……

**试试
这样做？**

①向其简单易懂地传达值日内容

老师可以使用图画展示等容易想象和理解的方式将值日活动的具体工作内容传达给这类孩子。

此外，老师还要准备好可供这类孩子随时查看的、易于理解的值日步骤表，并提供可供查阅的轮值信息，帮助这类孩子安心投入值日活动。

值日步骤表

将值日内容具体化，比如明示"该做什么以及做到什么程度"，让孩子一目了然。

值日表

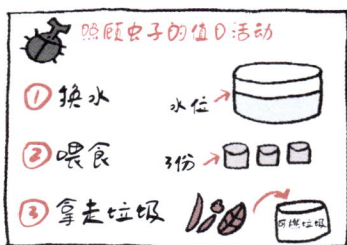

能在表中找到自己的姓名会帮助孩子意识到自己的责任。

②激发其对值日产生兴趣

老师应设法让这类孩子对值日产生兴趣并期待值日活动的到来。如果能将这类孩子感兴趣的事物与值日活动联系起来，必将提高其积极性。

比如，如果孩子对昆虫感兴趣，老师就可以利用绘本向他介绍他负责照顾的昆虫的生态特性，令他对喂养昆虫的值日活动产生更大的兴趣。

激发孩子的兴趣

117

如果孩子不知道自己在干什么……

试试
这样做?

①从简单的任务开始引导其循序渐进地加入到值日中来

老师不必要求这类孩子马上参与到所有的值日任务中来，只要能引导其循序渐进地参加到值日任务中来即可。

老师可以让这类孩子先观看其他孩子的行动并对照步骤表引导他从最感兴趣的部分开始参与。分配任务时，老师应将内容简单、容易完成的任务首先分配给这类孩子，帮助其更轻松地参与值日活动。

在配餐值日时

让其承担只需要
重复同样对话的
简单任务。

②引导其模仿老师的行为

老师可以引导这类孩子与自己一起承担某项特定值日工作，以此逐渐稳定其行为。老师可以先让其观看自己做示范，然后引导孩子，如"小W，你也来做做试试"，并帮助其逐渐投入到值日工作中。然后，老师可以逐渐减少帮助，引导其慢慢独立完成。

老师也可以设法寻求其他孩子的协助，引导其他孩子去邀请他，如"小W，我们一起来值日吧"。

老师先做一遍，你要看好哦!

如果孩子不知道应该和他人共同值日……

试试
这样做?

①想办法帮助其明白"共同"的意义

首先,幼儿园应创建合理的体制,引导这类孩子明白与其他孩子共同开始、共同结束活动的意义。

比如,老师可以在开始及结束值日活动的时候,要求全班孩子集合共同进行。此外,老师也可以让全班孩子共同喊口号,比如"现在开始照顾昆虫"。这样可以帮助这类孩子强化"接下来要和大家一起开始值日"的意识,其他孩子也更容易发现"哎呀,小W没有参加值日活动"。

②为其安排一些需要两人合力完成的简单工作

比如搬桌子这样的工作,就需要两人一组共同完成。一开始的时候,老师可以和这类孩子组队完成,等他习惯后,老师的角色就可以转交给其他孩子去担当了。

小W,跟小A一起搬桌子哦!

嘿哟

好!

嘿哟

再说一句

● 如果仅仅在值日的时候告诉孩子"要值日"、"要两个人一起值日"之类的话,有的孩子可能仍然无法理解。老师可以通过角色扮演游戏、整理物品相关图画的展示及绘本阅读等方式,帮助孩子对值日活动产生一定的印象。

● 值日活动的经验非常重要,这将直接关系到孩子未来对从事劳动的态度。老师应帮助孩子逐步、快乐地积累值日的经验。

25 讨厌上厕所

为什么
会这样?

- 讨厌厕所里的某种环境因素?
  (昏暗的光线、恐怖的氛围、难闻的气味、
  吓人的声音等)
- 对某个便器存在偏好?
- 未养成良好的排泄习惯?

如果孩子讨厌厕所里的某种环境因素……

试试
这样做？

①消除其讨厌的环境因素

老师应对这类孩子进行观察，找出其讨厌厕所的原因，并在消除该环境因素后，告诉他现在可以放心进去了。

不过，如果孩子讨厌的因素属于无法立刻解决的，比如幼儿园厕所结构与家里不同这样的问题，则暂时只能保持现状，并考虑其他可令其放心与习惯的方法。

告诉孩子他讨厌的东西已经不见了

对于不喜欢排水声或换气扇声音的孩子，可以在关闭这些设备之后，通过图示告诉孩子。

营造明亮的环境氛围

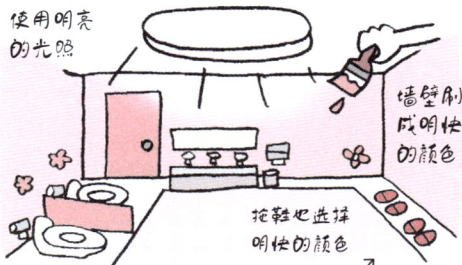

应设法营造明亮的环境氛围，昏暗、寒冷、臭味等可能导致孩子厌恶的因素应在尽可能的范围内予以消除。

②营造快乐

老师可根据这类孩子的喜好，构思一些令其上厕所变得更为快乐的方法。比如可以把孩子喜欢的卡通角色的贴纸贴在厕所里，跟他说"不去小便也没关系，我们去看看超人，好吗"，以这样的方式引导孩子上厕所。

③陪在其旁边，增强安全感

老师可以陪在厕所里，拉着这类孩子的手告诉他"没关系"、"老师跟你在一起呢"等。这个过程可持续到这类孩子心中逐渐产生安全感为止。

如果孩子对某个便器存在偏好……

①增加其可用的便器（厕所）数量

有的孩子会出现"一定要用这个便器"的强烈偏好，使用其他便器就会无法顺利排泄。对于这种情况，老师可以采取相同的方式装饰所有便器，使这类孩子感受不到各个便器间的区别，设法引导其在使用其他便器时也同样能感到乐趣。

统一所有便器的装饰

贴上同样的贴纸，放置同样的物品，让孩子意识到用哪个便器都是一样的。

营造快乐

可以为孩子营造一些期待，比如当孩子使用其他便器顺利排泄后，可以和他一起做折纸游戏等。

指定可使用的日期

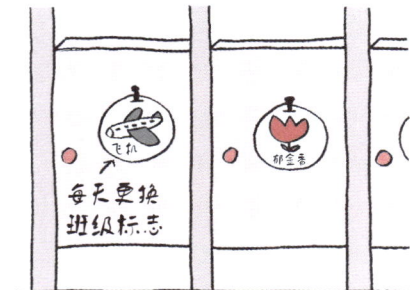

为每个小组设定每天可使用的便器，并做成日程表粘贴出来。

如果孩子未养成良好的排泄习惯……

试试
这样做?

①帮助其在幼儿园生活中养成排泄习惯

为帮助这类孩子养成良好的排泄习惯, 老师可以引导他在规定的排泄时间内和其他孩子一起去排泄, 也可以根据需要进行个别引导, 帮助其反复练习。

将上厕所加入到班级日程中

个别辅导

②向其保证游戏还可以继续

　　有的孩子之所以不愿去厕所，是因为不想正在进行中的游戏被打断。对于这种情况，老师可以告诉孩子上完厕所回来后还可以继续玩。为了让游戏场所保持原状，老师可以放一个提示卡片，让孩子也能放心。

　　此外，还可以告诉这类孩子"上完厕所后我们去做……"，引导孩子对之后的活动产生期待。

放置卡片　　　　　　　　　　　　使孩子对上完厕所后的活动产生期待

在游戏场所放置一张卡片，保证孩子上完厕所后还能回来继续玩。

125

26 无法传达自己的尿意或便意

向促

不要尿尿啊？ 是不是

不安

为什么会这样？

· 不明白憋尿、憋便的感觉？

· 不知道怎样将尿意或便意告诉老师？

如果孩子不明白憋尿、憋便的感觉……

试试
这样做?

①利用排尿检查表进行记录

为掌握这类孩子的排尿频率与排尿量，老师可以使用下面的排尿检查表进行记录。数据收集周期以一星期为准。在掌握这类孩子的排尿频率后，可以根据其间隔时间引导其前往厕所排尿。当孩子膀胱里积累了一定尿量后，老师可以轻按其腹部刺激其产生尿意，对他说"要尿尿了吧"，以此增强孩子的排尿意识，帮助这类孩子将语言与想要排尿的感觉结合起来。

排尿检查表

大量=◎　少量=○　无=●　　　　　　　　　　姓名（　　　　　）

	6月/7日 (一)	8日(二)	9日(三)	10日(四)	11日(五)	12日(六)	备注
7:00							老师确认后的签名
30							
8:00	●-K	◎-H		◎-H	◎-K	○-K	
30	◎-//		●-//	◎-H			
9:00		●-//	◎-H	●-H	●-K	●-K	
30		○-//					
10:00	●-K	●-//	●-//	●-H	●-H		
30	○-//						
11:00	◎-H					○-M	
30							
15:00	●-H	●-//	●-//	●-K	●-K	●-H	
30		○-//					
16:00	●-K	●-//	●-//	●-M	●-M	●-H	
30	○-M	●-M	●-M				
17:00	●-//	◎-//	●-//	◎-M	○-M		
30	●-//	◎-//					改为1小时检查一次
18:00							
30							
19:00							

一开始，无论孩子是否排便，都可以每间隔半个小时安排孩子上一次厕所，同时记录有无排尿及排尿量。在持续2~3天后，如果感到半个小时的间隔过短，则可以改为每小时检查一次。持续记录以1周左右为准。

②不要错过其排尿信号

即使这类孩子自己没有意识到，但实际上他有时仍然会表现出想要尿尿的样子。老师应把握住这类孩子想要尿尿的信号（身体语言），一旦看到这类信号，就及时带孩子去上厕所啦。

老师可陪孩子一起去厕所，并在边上陪同。如果等了两分钟左右孩子还没尿出来，可以暂时作罢。另外，即使孩子没有尿出来，也应该表扬孩子，如"能自己去上厕所，好棒呀"。

我们去厕所吧？

如果孩子不知道怎样将尿意或便意告诉老师……

试试
这样做？

①教其用语言表达尿意或便意

有的孩子虽然想要尿尿，但因为无法很好地用语言进行表达，结果尿了裤子。如果老师看到孩子有憋尿的样子，就应该对他说"我们去厕所尿尿吧"，然后陪孩子一起去厕所，并引导孩子自己说出"尿尿"这个词。不同孩子的表达能力也会有所不同，有的孩子只能说出"尿"或者"嘘"，对此老师也要给予鼓励。老师应引导孩子通过反复的语言练习，逐渐掌握正确的表达方法。

嘘……

嘘
嘘

②教其利用动作表达尿意或便意

如果孩子较难掌握用语言表达尿意或便意的方式，老师可教给孩子利用身体动作进行表达的方式。老师可以边说"我想要尿尿"，边用一只手触摸自己的腹部，另一只手将孩子的手放在其腹部。如此来引导孩子通过模仿老师的动作，记住利用身体动作表达尿意或便意的具体方法。

③教其利用图片、照片表达尿意或便意

老师还可以告诉这类孩子使用图片、照片等物品表达自己的尿意或便意。老师可以制作一些"想要尿尿"的卡片，然后为孩子演示利用卡片进行表达的方法。以游戏的方式引导孩子反复练习，帮助其掌握在想要尿尿时使用相同的卡片表达尿意的方法。

27 无法顺利在厕所排泄

为什么
会这样?

· 排泄后不知该怎样做?

· 总是将小便或大便排在便器外面?

· 忘了如厕的某些环节?

如果孩子排泄后不知该怎样做……

试试
这样做？

①教其如何擦屁股

在这里哦。
知道了吗？

很少有孩子能很好地自己擦屁股。毕竟，对于他们来说，要想象自己看不到的部位，并预测具体的位置，确实是一件相当困难的事情。因此，要教孩子如何擦屁股，首先要从帮孩子擦屁股开始。

慢慢地，老师可以引导孩子自己试着擦最后一下，等到孩子掌握了擦屁股的具体位置后，再全部让孩子自己来擦。老师可以通过这样循序渐进的方式帮助孩子掌握擦屁股的方法。

②告诉其厕纸的适当长度

有的孩子刚开始使用厕所时，会因为不知道多长的厕纸比较合适或觉着好玩而拉出大量的厕纸。

对此，老师可事先在厕所里准备好长度适当的厕纸，或者想办法告诉孩子厕纸的适当长度。

另外，有时孩子会因为无法撕断厕纸而导致用纸过多，老师可手把手地教给孩子撕断厕纸的方法。

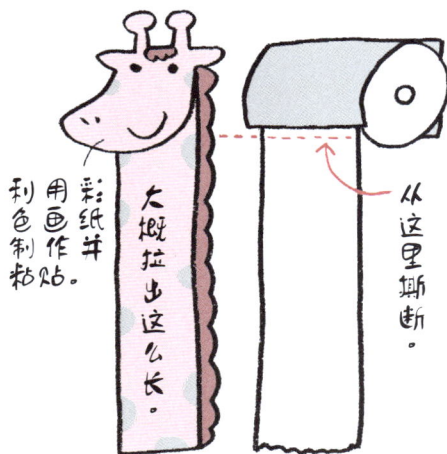

利用彩纸并用画作粘贴。

大概拉出这么长。

从这里撕断。

告诉孩子按照长颈鹿脖子的长度，
拉出厕纸撕断使用。

131

试试
这样做?

①为其标示出正确的位置

有的孩子可能会因为无法把握好便座的坐下位置或小便池的站立位置,从而导致将大便或小便拉到便器外面去。为防止发生这类情况,老师可以在孩子应当站立的位置贴上贴纸做出提醒,或者在便器上应当坐的位置加上标记,帮助这类孩子在正确的位置排泄。

标示出双脚站立的位置

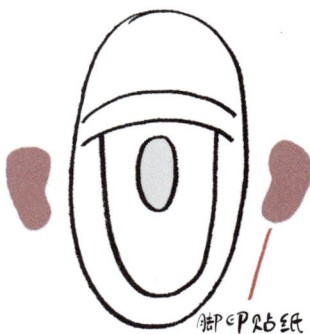

脚印贴纸

准备一个台阶

用牛奶箱制作的小台阶

引导孩子根据需要使用。

男生用小便池

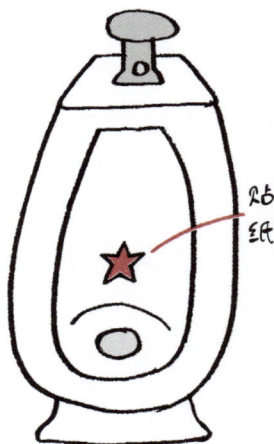

贴纸

在目标位置贴上贴纸。

②教其学会下蹲姿势

有的孩子因为不会下蹲，所以无法很好地使用蹲厕。虽然如今蹲厂在幼儿园和家庭中已经很少见了，但很多公共厕所还是采用这种形式。为了避免这类孩子在外出时出现排泄烦恼，老师应首先确认下孩子是否掌握了下蹲动作。

如果孩子无法很好地下蹲，那么老师就应在运动游戏环节中增加对孩子腰部及腿部力量的强化训练，并由老师扶住孩子的腰部，帮助其掌握下蹲姿势。如果幼儿园里使用的是蹲厕，老师还应该考虑加设扶手之类的设施，使孩子可以利用扶手保持身体平衡。

小兔子♪

蹲下来啦！

如果孩子忘了如厕的某些环节……

试试这样做？

①为其粘贴如厕流程

有的孩子虽然会自己上厕所排泄，但会出现忘掉擦屁股或忘掉冲水等某一环节的问题。对于这种情况，老师可以在厕所里粘贴如厕流程，引导孩子在上厕所时参照流程表逐一确认，确保其完成了整个流程。

千万不要忘记哦
1.关上门
2.小便
3.擦屁股
4.冲水
5.开门

粘贴在厕所里

28 即使尿湿了裤子也不及时告诉老师

小A，你尿裤子了？

小乖乖～ ♬

为什么会这样？

- 不明白潮湿的感觉？
- 不敢告诉别人自己尿裤子？

如果孩子不明白潮湿的感觉……

试试
这样做?

①帮助其明白什么是干爽感

由于尿布位置不对或者有些漏尿，有的孩子的内衣裤总是湿湿的。对于这类孩子，老师首先要引导他明白在正常情况下内衣的干爽感是怎样的一种感觉。

发现这类孩子内衣裤湿了时，老师应立即帮助其更换，并对他说"换上干爽的衣服感觉很舒服吧"。保证其内衣裤保持较长时间的干爽状态，有利于培养其对"干爽的感觉很舒服"的认识，也有利于这类孩子学会在内衣裤湿了的时候表达不舒服感。

干干爽爽很
舒服吧!

**试试
这样做?**

①告诉其尿了裤子也不要紧

因为尿裤子后曾经受到过训斥或者嘲笑,有的孩子心里对尿裤子一事持有负面印象,导致其即使尿了裤子也不敢说出来。

对于这种情况,老师应在帮其更换裤子时反复告诉他尿裤子不要紧,这一点非常重要。

在日常生活中反复强调

①老师应尽早发现孩子尿裤子的现象。

尿裤子了是吧?

颤抖

通过孩子的行为表现,尽早发现
孩子尿裤子的事实。

②温柔地跟孩子说话,并且在没有其他小
朋友的地方尽快帮其换裤子。

我们去对面房间换裤子吧!

老师可以对孩子说"尿裤子了?没关系的"、"我
们去对面房间换裤子吧"之类温柔的话语,防止
孩子产生自卑心理。

③告诉孩子"下次再尿湿的时候要告诉老师哦",并教会其通知老师的方法。

下次尿湿的时候,要说"嘘嘘"哦!

又干净又清爽!

替孩子换好裤子后,可以告诉孩子现在舒服啦。此外,还要告诉孩子,一旦尿裤子了,不要有任何顾虑,直接告诉老师就可以了。这一点非常重要。

再说一句

● 孩子在排泄上的自立,离不开家长的协助。老师可以从家长那里了解孩子的现状、应对方法以及困难之处,并将幼儿园里所采取的方法罗列出来,通过"计划→实施→评价"几个过程的不断反复,帮助孩子自立。注意制定计划时应采取循序渐进的方式,从孩子容易做到的、易于成功的环节开始。

● 家庭与幼儿园并不一定要同时进行辅导,可以在幼儿园里成功80%到90%之后,再由老师将辅导方法转告给家长,这会使家庭辅导措施的进展更为顺利。

29 不能安全行动

等一下！！

为什么
会这样？

· 不理解交通规则？

· 直接奔向自己感兴趣的地方？

· 较难掌握左右方向感？

如果孩子不理解交通规则……

试试
这样做?

①利用绘本或图卡帮助其理解交通规则

老师可使用绘本或图画卡片,教育孩子掌握交通规则,也可以举办交通安全教育讲座,这些都是不错的教育方式。

利用绘本或图卡展开教育

这样做对吗?

如果球滚到了马路上,应该怎么办呀?

引导孩子通过练习,将抽象内容转化为可以想象的现实情况,帮助其加深理解。

全班孩子一起确认安全守则

举办交通安全教育讲座

注意汽车!

不能奔跑!

不在马路上找虫子!

②引导其在角色扮演游戏中学习交通规则

老师可以在幼儿园的操场上画出道路，引导这类孩子在进行角色扮演游戏的过程中快乐地学习交通规则。

交通安全游戏

在幼儿园院的操场上画出如下图这样的道路，将场景设定为"从幼儿园到公园散步"，引导孩子们一起在画好的道路上行走，并帮助孩子们在行进过程中学习各种交通规则。

教给孩子在人行横道上"先举手，左看看，右看看，再左看看"等过马路方法。

告诉孩子在公交车站排队等候，按秩序上车。

告诉孩子在没有人行道的地方，应该靠右侧行走。

③帮助其在实际体验的过程中 逐渐牢记交通规则

老师可以拉着这类孩子的手在马路上走一段时间,教给孩子在马路上行走的方法以及通过危险场所时的交通规则。比如,老师可以告诉孩子车来了要停下脚步,等到车开过去再走等。一边以具体的语言向孩子进行讲解,一边引导孩子实际参与体验,将有助于这类孩子更快地理解和掌握交通规则。当孩子能够遵守交通规则时,老师应立即给予表扬,增强其自信。

> 红灯表示要
> 停下来哦!

如果孩子直接奔向自己感兴趣的地方……

试试
这样做?

①了解其感兴趣的对象

老师要注意观察和把握这类孩子都对哪些事物感兴趣,在遇到这些事物时又会有怎样的反应,然后尽量引导孩子避开有他感兴趣事物的危险路线。

> 对面这条路
> 能看到很多车
> 辆,还是改走
> 别的路吧。

入园 | 自由活动 | 集体活动 | 排泄 | 散步 | 就餐 | 穿脱衣 | 午睡 | 放学

②与其约定好散步时的规则

老师应对这类孩子可能出现的行为进行预测，并事先和他约定好散步时的规则，比如"不能摸汽车"、"如果想去看什么东西，要先告诉老师"等等。老师在带领孩子们外出散步前，要首先与这类孩子再次回顾约定好的规则，并与其商量好如何没遵守规则的话要怎么办。

出门后，老师应跟在这类孩子身边。如果孩子能做到遵守规则，老师应及时给予表扬，以此来预防其可能出现的危险行为。另外，当孩子做出危险行为时，老师应立即予以警告。

事先约定

不能摸汽车！

预测孩子的行为模式，并事先做好约定。

如果不遵守约定，就回幼儿园去！

同时，事先与孩子约定好不遵守规定时该如何处理。

外出散步时

大家都走得很好啊！

对良好的行为及时做出表扬。

我们说好要怎样做的？

如果孩子即将做出危险行为，应立即出示画有约定内容的卡片予以提醒。

不能摸汽车！

当接近孩子可能感兴趣的场所时，应尽快重申约定。

不许乱跑！

如果孩子仍然做出了危险行为，应立即用明确的语言给出警告。

回到幼儿园后

大家都能遵守约定，散步很成功哦。

鼓掌 鼓掌 鼓掌

回到幼儿园后，如果全班孩子都能遵守约定，老师应立即给予大家表扬。

如果孩子较难掌握左右方向感……

试试这样做？

①帮助其在平时的活动中掌握方向感

老师可以在平时的游戏和生活中加入有利于理解左、右概念的内容，引导这类孩子自然而然地掌握左右方向感。

举手游戏

右手！

日常生活中

把球传给左边的小朋友。

根据歌曲中出现的左右配合动作帮助孩子掌握方向感将非常有效。

通过游戏及日常生活中的对话，引导孩子意识到左右方向。

入园 自由活动 集体活动 排泄 散步 就餐 穿脱衣 午睡 放学

143

30 不能与大家保持相同步调

快点啊!

慢慢吞吞

为什么会这样?

· 体力不足?

· 无法与他人的步调一致?

· 不喜欢跟其他孩子拉手?

如果孩子体力不足……

①为不同孩子提供不同线路

老师在组织孩子们外出散步时,一开始可以为体力较差的孩子提供与其体力相当的线路,然后逐渐延长这类孩子的步行距离。如果这类孩子的行走距离无法达到其他孩子的水平,老师可以让他在中途与其他孩子汇合,然后一起回幼儿园。这样可以帮助这类孩子获得与大家一起散步的成就感。

145

②帮助其增强体力

如果这类孩子的体力不足以坚持走完与其他孩子相同的距离，无法与其他孩子一起出去散步，那么老师首先应设法帮助其增强体力。老师可以在平时引导其在幼儿园里多做一些活动身体的游戏。

試試
这样做？

如果孩子无法与他人的步调一致……

①开展韵律操游戏

老师可以引导这类孩子通过韵律操游戏体验以不同速度行走的感觉，帮助孩子在玩耍的过程中掌握不同的步调和节奏。

小乌龟走路
慢悠悠，慢悠悠！

变成小松鼠
快快跑，快快跑！

快跑 快跑 快跑

②帮助其练习配合对方的节奏

　　有的孩子之所以不善于配合他人的步调, 是因为尚未拥有配合周围步调的意识。对于这种情况, 老师应当引导这类孩子理解配合他人步调是怎么一回事。一开始, 老师可以与这类孩子一对一地进行练习, 然后逐渐增加其他孩子, 引导他尝试配合小集体的步调。这时需要注意, 老师应通过语言提示帮助孩子产生与大家一起散步的意识。

与老师两个人练习

与其他孩子一起练习

老师应根据孩子的发育程度, 选择适当的步调和节奏散步, 而无须刻意配合孩子的步调。通过引导孩子学会跟上老师的步调, 帮助其理解配合他人的重要性。

在口令中加入这类孩子的名字, 可以增强其正在与大家一起散步的意识。

试试这样做?

①思考可以令其安心与他人拉手的方法

不喜欢与其他孩子拉手,可能有各种原因,比如不喜欢拉手这一行为本身或者只愿意与老师或特定的孩子拉手等等。

首先,如果孩子讨厌拉手的感觉,老师可以考虑其他不需要直接接触的方法,比如可以使用散步用的手环或引导棒,或者握住孩子手掌以外的其他部位等,选择可以令这类孩子安心的方法。

②针对其偏好采取对策

如果孩子对某个特定的人存在偏好,只愿意与这个人拉手,那么老师首先要观察其具体对特定对象的哪里存在偏好。原因可能有很多,比如特定对象更有安全感,彼此步调能够一致,或者喜欢特定对象的手感等等。

当明白了其为何对特定对象存在偏好后,老师就可以针对其偏好来考虑相应的对策了。比如,如果是因为两人步调能够保持一致,那就可以安排其他具有相同步调节奏的孩子与他组合,逐步拓展这类孩子的关系网。

今天和小A一起手牵手散步吧!

③展开牵手游戏

老师可以组织全班孩子玩一些需要不断改变牵手对象的游戏，帮助这类孩子在享受游戏乐趣的同时，逐渐习惯与不同的人牵手。

凑人数

老师说出一种动物的名字后，孩子们根据动物名字的字数组成相同人数的小组并手牵手坐下。

例: 老虎=2人、大猩猩=3人、南极企鹅=4人

再说一句

● 如果让孩子突然离开他喜欢的人，可能会加剧其不安情绪。因此，老师应以孩子所喜欢的人为媒介，引导其慢慢练习与他人牵手。

31 一分到食物就马上吃掉

为什么
会这样?

· 不知道是不是可以开始吃了?

· 不会等待?

**试试
这样做?**

如果孩子不知道是不是可以开始吃了……

①告诉其从就餐准备到收拾餐具的整个就餐流程

老师可以将从就餐准备到收拾餐具的整个就餐流程，用照片或卡片的方式展示出来，帮助这类孩子理解。

午　餐

1.就餐准备
（看图书）

2.值日生做
工作

3.开始吃饭

4.吃完了

5.收拾餐具

要先说
"我要吃
饭了"才
能开始
吃哦。

②明确就餐的起点

老师可以准备一个开始吃饭的仪式。比如在开始吃饭前，所有孩子都要根据老师的指示，一起说我要吃饭了，使这类孩子明白只有说了这句话之后才能开始吃饭。

我要吃
饭了!

入园

自由活动

集体活动

排泄

散步

就餐

穿脱衣

午睡

放学

如果孩子不会等待……

①把其配餐调到最后

对于那些一看到食物放在面前就急不可待的孩子来说，老师可以将这类孩子的食物安排在最后分配，缩短食物放在其面前的时间。

②适当为其拉大桌子与椅子间的距离

老师应告诉那些忍不住要动手吃饭的孩子要等大家一起开始吃，然后帮他拉开其椅子与桌子之间的距离，确保他在等待时间内即使伸出手也够不到桌子上的食物。

③与其约定好等待时的姿势

老师可以与这类孩子约定好等待时的姿势，并用卡片等方式展示给他看。同时还应反复告诉他要等大家一起开始吃，要求其在等待时间内把小手放在膝盖上等等。如果孩子仍然忍不住要动手吃饭，老师可以再次提醒他小手要放到膝盖上，然后帮他将手放到膝盖上。如果孩子能够保持住等待姿势，老师应给予他充分的表扬。

③配餐完成前组织其进行其他活动

　　如果有多位老师一起分担工作，那就可以由一位老师配餐，另一位老师负责照看孩子。在配餐完成前，由另一位老师组织全班孩子做些游戏或听老师讲绘本故事。这样一来，配餐结束后，孩子坐到餐桌前马上就可以开始吃，不必在开始吃饭前耐着性子等待。

32 不能很好地咀嚼吞咽

为什么
会这样?

- 在咀嚼及吞咽方面的发育较为迟缓?
- 未养成充分咀嚼的习惯?

如果孩子在咀嚼及吞咽方面的发育较为迟缓……

试试
这样做?

①帮助其促进身体机能发育

咀嚼与行走、呼吸一样，都是有节奏的运动，这类运动与保持良好姿态之间也有很深的关系。老师可在每天的教学工作中加入配乐韵律操、赛跑、散步等可以促进孩子全身运动的游戏，帮助这类孩子促进身体机能的发育。另外，引导孩子有意识地保持正确的坐姿也很重要。

嗒啦嗒

嗒啦嗒

②开展嘴部运动游戏

老师可在动物模仿游戏中，引导这类孩子尝试用嘴部做出各种形状。这也将促进其咀嚼功能的发展。

①大河马的嘴巴，
啊~啊~啊~

②小麻雀的嘴巴，
啾~啾~啾~

③最后一下咽下去，
咕咚~咕咚~

大幅度张开嘴巴。

尖尖撅起嘴巴。

最后练习吞咽动作。

咕
咚

入园 | 自由活动 | 集体活动 | 排泄 | 散步 | 就餐 | 穿脱衣 | 午睡 | 放学

155

**试试
这样做?**

①避免其借助饮水进行吞咽

为了引导这类孩子养成充分咀嚼的习惯，老师必须设法避免其借助饮水进行吞咽。比如，在这类孩子的餐桌上可以不放茶水，仅在需要的时候由老师单独向他提供。

茶水放在这边哦。

②指导其进行咀嚼练习

老师应告诉这类孩子一口食物要咀嚼20次左右。老师可以模仿嘴部咀嚼动做给孩子看，然后告诉孩子要嚼20次，如"1、2、3……20，好，可以咽下去了"，指导孩子有节奏地咀嚼，并掌握吞咽的合适时机。

墨斗鱼及贝类等食物较难嚼烂，有的孩子会就汤吞咽或直接吐出来，老师可以轻轻地拍击这类孩子的身体，告诉他增加咀嚼次数，帮助他更有节奏地进行咀嚼。

1、2、3……

12、13、14……

……18、19、20!!

③帮助其养成慢慢吃饭的习惯

没有养成充分咀嚼习惯的孩子，往往吃得很快或过量。对于这种情况，老师可以为这类孩子确定适当的饭量，并将他的食物分成若干份，用小碗逐一拿出来给他，同时告诉他要慢慢地吃，并按②中介绍的方法，帮助其加强咀嚼练习。这类孩子往往做任何事情都想要快速完成，因此老师还应在生活中各个方面让他理解慢慢完成的含义。

另外，对于过量饮食的孩子，虽然在幼儿园里时，可以由老师帮助其控制饭量，但当他在家里时，家长往往会满足其要求而给予过多食物，很难有效地帮助其控制饮食。老师应建议这类孩子的家长在家里使用类似套餐的定量餐盘帮助孩子养成吃完后不再添饭的习惯。同时，老师还要求这类孩子家里的其他成员进行配合，保持相同的饮食形式。

今天是鱼肉套餐哦！！

再说一句

● 有的孩子可能会因为鼻塞或牙齿咬合问题而无法很好地进行咀嚼。如果孩子因为鼻塞而导致嘴巴一直张开或者牙齿咬合存在困难，老师应建议家长带孩子去牙科或耳鼻喉科接受治疗。

33 不能很好地使用餐具（勺子、筷子等）

小F, 你的勺子呢？

为什么会这样？

· 习惯用手抓着吃？

· 手指不够灵活？

· 在区分使用左右手方面存在困难？

试试
这样做?

如果孩子习惯用手抓着吃……

①告诉其要使用餐具吃饭

要用勺子吃饭！

有的孩子习惯用手抓着东西吃，还没有使用餐具的意识。老师应在这类孩子的餐桌上摆上勺子、叉子等餐具，告诉他要使用勺子吃饭，然后将勺子拿给他看，帮助其了解吃饭是少不了勺子的。

②培养其对餐具的兴趣

将这类孩子喜欢的卡通人物贴纸贴在餐具上，将有助其对餐具产生兴趣，并产生想要用一下的想法。另外，老师也可以在过家家游戏中提供一些玩具餐具，引导其在游戏中的吃饭环节中使用这些道具。

贴上孩子喜欢的卡通人物贴纸！

159

试试这样做?

①手把手地进行辅导

用叉子戳下去……嗯，很好，很好♡

如果孩子的手指不够灵活，老师可以为其进行单独辅导。一开始，可以由孩子拿着叉子，老师把着孩子的手，和他一起叉住食物，再帮其将食物送到嘴里。等孩子逐渐能够熟悉掌握使用叉子的方法后，老师再慢慢减少这种帮助。当孩子能独立使用叉子等餐具时，老师要表扬孩子，并在表扬时加入餐具的名称，比如"会用叉子吃饭了，吃得很香啊"，帮助其增强对餐具的认识。

②为其提供更易使用的餐具

幼儿园应为这类孩子提供更易使用的餐具。比如，可以考虑使用医院看护用的特殊餐具。当孩子可以很好地使用特殊餐具就餐之后，老师再逐步为其换回普通的餐具。

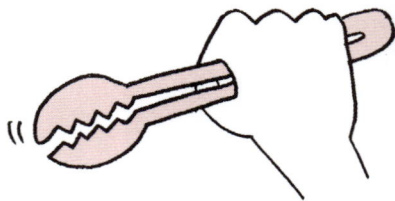

可以夹住食物的勺子

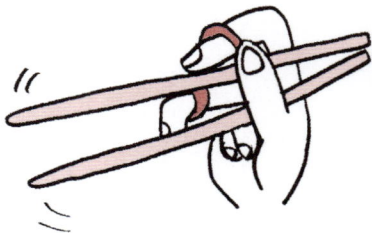

将手指伸入环中就能正确握住的筷子

160

③为其展示筷子的使用方法

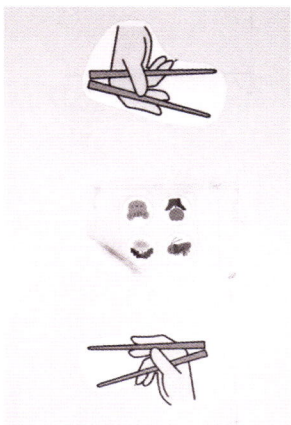

对于筷子这类餐具，如果一开始拿筷子的方法错了，且没有及时得到纠正，那么一旦形成习惯就很难再改正了。所以老师首先要教给这类孩子正确拿筷子的方法。老师可以通过照片或图片展示的方法，向孩子们展示正确方法，并指导这类孩子纠正错误。

根据孩子座位的方向，在桌子上粘贴正确拿筷子的图示。

④为其明确标示放左手的位置

有的孩子在无法很好地使用叉子或筷子吃饭时，可能会感觉焦躁沮丧，从而忍不住用另一只手抓起食物往嘴里塞。对于这种情况，老师应事先为其标示出放左手的区域，提醒其左手要放在左手区。

左手放置区可以使用小型塑料垫或棉布垫来制作。

贴在桌子上

⑤将食物加工成更易食用的形状

老师也可以在食物加工上下功夫，将食物形状做得更易食用。比如，煎炸食物切成小块后，可以更容易用叉子叉住。除此之外，老师还可以在勺子的大小和筷子的尺寸及形状上下功夫，使餐具更方便孩子使用。

如果孩子在区分使用左右手方面存在困难⋯⋯

①帮助其促进身体协调性的发展

当这类孩子需要一手拿碗一手拿勺子或筷子时, 老师可以从其背后支撑住孩子的双肘, 防止孩子将碗筷打翻。这种方法也可以促进这类孩子身体协调性的发展。

②开展手指游戏

老师可以有针对性地指导这类孩子多玩一些需要用到手指的玩具或游戏, 促进其动作协调性及手指机能的发展。

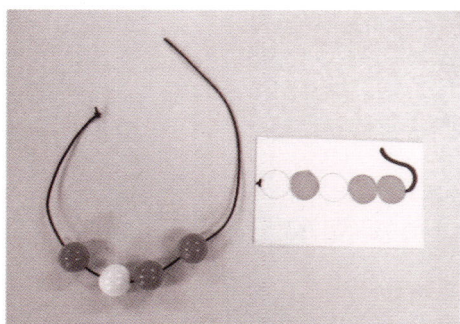

一手握住穿有小孔的圆珠, 另一只手拿着绳子穿过去。可促进左右手的协调性。

将圆球放入孔洞的玩具。可促进眼和手的协调性。

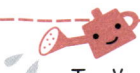

再说一句

● 使用餐具的熟练程度与运动能力的发展水平息息相关,运动能力遵循着从全身运动到局部运动(即从中枢到末梢,从全身运动到精细运动)逐步发展的规律。通过全身运动培养起良好的身体素质,运动能力及精细运动能力的提高才有可能。老师应在平时引导孩子多做一些需要使用手腕、手指、指尖等的游戏,促进其手指灵活性的发展。

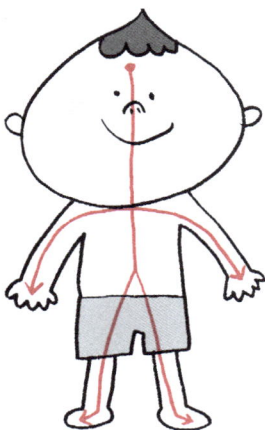

● 如第162页中一手拿着开孔圆珠另一只手将绳子穿过去的游戏或者一手拿纸另一只手拿着剪刀剪纸等游戏都需要协调动作。协调动作是通过左右手的不同动作互相配合并共同完成一个完整动作的形式来发展的。这种动作与一手拿饭碗一手拿勺子舀饭吃等操作餐具的能力是紧密相关的。

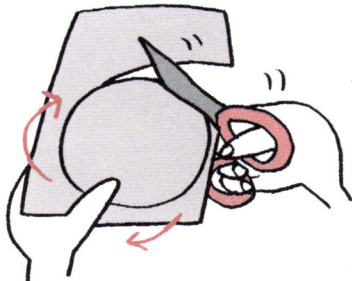

163

34 不能安静地吃饭

喂喂！

为什么会这样?

- 注意力无法集中?
- 未能掌握良好的就餐礼仪?

如果孩子注意力无法集中……

试试
这样做?

①保证其在刺激源较少的环境中吃饭

如果班里环境非常吵闹，或者孩子不习惯与其他孩子坐在一起，又或者孩子受到周围某件事物的吸引而无法保持平静，那么老师可以带领孩子到刺激源较少的地方（如其他房间），使其从与老师两个人单独吃饭开始，逐渐学会安静地吃饭。

很好吃吧!

②从为其准备适当的饭量开始

有的孩子一吃完自己喜欢的食物就会离开座位，或者开始玩剩下的食物。对于这种情况，老师可以先把这类孩子能全部吃完的分量准备出来，单独放在另一个碗里，然后告诉孩子把这些吃掉，就算吃完啦。等孩子吃完后，可以跟他说"全部吃掉啦，好棒! 你先在这里看看昆虫图书，等大家一会儿吧"，再给他安排一些事情以避免其离开座位。如果孩子乖乖做到了，老师要及时给予充分的表扬。

先试试把这些都吃完吧。

在采取上述对策的过程中，老师可以逐渐增加其饭量，还可以鼓励这类孩子慢慢挑战一下他不喜欢吃的食物。

如果孩子未能掌握良好的就餐礼仪……

①粘贴就餐准则

老师可事先制定就餐时的行为准则并将其粘贴出来，与全班孩子约定在规定的就餐结束时间前，不准离开座位或四处走动。如果孩子在吃饭时离开座位走动，老师可以指着粘贴出来的准则，提醒孩子遵守。

● 约定好不准离开座位走动

就餐准则
· 不来回走动.
· 开始吃饭.
· 我吃饱了.

小G也不要来回走动哦!

对于离开座位走动的孩子，老师可以指着粘贴出来的准则，提醒他吃饭时间结束前不准离开座位。对于有的孩子，老师还可以单独给他看提醒用的卡片，并告诉他，如"小G也乖乖地坐在座位上哦"。

● 明示就餐结束时间

老师可以告诉孩子，如"时钟的长针走到5那里的时候才算吃完哦"或"如果你先吃完了，老师会给你拿书看，要等到大家一起吃完哦"，以此来引导孩子遵守约定。

长的这根针走到5这里的时候才算吃完哦。

②为其设置不同的吃饭场所

对于无论如何也不能安静坐在位子上就餐的孩子,老师可以为其提供其他活动场所,让他在那里先玩一会。

③引导其以其他孩子为榜样

老师可以说"小H把饭全部吃完了,又把餐具都收拾干净了。小H完全能做到我们约定的就餐准则,好厉害",通过表扬其他遵守约定的孩子,间接地使小G明白像小H那样做就可以得到老师的表扬,从而引导小G把小H当成榜样来学习。

此时,被表扬的小H心情也会更好,也不会导致其他孩子觉得小G总是能得到特殊照顾,小G也不会觉得老是被老师说,从而避免了小G产生自卑心理。这样还可以更好地将约定的就餐准则推广到全班范围。

35 不爱吃饭

为什么
会这样?

· 严重偏食?

· 只吃某些特定品牌的食物?

· 存在感觉过敏?

如果孩子严重偏食……

①观察其对食物的喜恶,在烹调上下功夫

首先,老师应与家长配合,以1个月左右为周期,观察并记录这类孩子爱吃的与讨厌的食物的种类及烹调方法。

食物喜恶检查表(例)

喜欢的食物	喜欢的烹调方法	喜欢的理由	讨厌的食物	讨厌的烹调方法	讨厌的理由
面包	蘸牛奶	容易下咽	米饭	什么也不加	味道太淡

如果能够从食物喜恶检查表的记录中掌握这类孩子的喜好，那么接下来老师就可以在烹调手法上下功夫，引导孩子能够吃下原本不喜欢吃的食物。

与孩子喜欢的食物进行组合

如果孩子不喜欢牛奶的味道，可以在牛奶中混入孩子喜欢的食物，比如草莓口味的食物等。

如果孩子不喜欢白米饭的味道，可以在上面撒上一些香松之类的调味品。

加水煮开

调味时可以偏浓

蔬菜煮熟后比生吃更柔软、更入味，更易于食用。

孩子往往喜欢味道较浓的食物，因此可以适当多放些调味料，等孩子逐渐习惯后再慢慢减少调味料。

②减量试行

对于孩子不喜欢吃的东西，老师可以引导其从少量开始尝试。比如牛奶，开始时孩子只要喝下极少量就行，如盖住杯底那么点就可以了。对于固体食物，老师则可以让孩子从1厘米见方的小块开始尝试，把孩子不喜欢的固体食物切成小块放在小碟子上，并在边上放上他喜欢的食物，告诉他只要吃上一口，就可以把这个也吃了。

牛奶

哥橙 1/4 → 1/2 → 一整条

③引导其学会忍耐并吃完食物

把喜欢的食物放到最后吃的方法也可以帮助孩子努力吃下自己不喜欢的食物。老师可以告诉孩子，如"如果你把……吃掉，最后就可以吃到你喜欢吃的……"，引导孩子对接下来的食物产生期待，慢慢帮助孩子积累可以吃一点不喜欢的食物的经验。

全部吃完就有苹果吃哦。

171

④促使其进入饥饿状态

即使是饭量小的孩子，在肚子很饿的情况下也会多吃不少。因此老师可在餐前引导严重偏食的孩子充分运动，促使其进入很想吃饭的饥饿状态。

⑤帮助其拓展可以吃的食物范围

有的孩子可能只吃某种特定的食物，比如只吃白米饭。如果老师抱有偏食也总比什么都不吃好的想法，然后只给孩子吃他喜欢的食物保证其不饿肚子的话，那么孩子的营养平衡就很容易出现问题了。即便是很少量，老师也要尽可能逐渐增加孩子可以食用的食物种类。

将其喜欢的食物进行组合就是基本的应对策略。比如，对于只吃白米饭的孩子，如果有他喜欢吃的调味菜，可以把这些小菜撒在米饭上给他吃。这样做的目的不是为了让这种组合成为孩子的定式习惯，而是促使其迈出尝试其他食物的第一步。这些经验可以逐渐缓解孩子只吃白米饭的偏执，拓展其可选择的食物范围。

如果孩子只吃某些特定品牌的食物……

①巧妙地去区别化

如果孩子不肯接受某个特定品牌以外的食物，可以试试将这种食物放在其他容器中给他吃。比如，可以把买来的牛奶倒入玻璃瓶等容器中，并告诉孩子无论是哪种牛奶都是一样的，帮助孩子逐渐习惯其他品牌的同类食物。

试试
这样做？

平时一直喝的牛奶

②寻求家庭的协助

要减轻这类孩子对品牌的偏执，来自家庭的配合也很重要。老师可以建议家长购买多种不同品牌的食物，与幼儿园共同努力寻找对策。

173

如果孩子存在感觉过敏……

试试这样做?

①以数据为基础，在烹调上下功夫

　　有些孩子因为对食物的温度、口感等过于敏感，而不肯吃某些食物。对此老师可以尝试采用与第169页"食物喜恶检查表"类似的方式，按食物原料、烹调手法、味道、形状、温度、观感等项目进行分类，并与家长一起配合进行观察和记录。

　　对孩子不喜欢的食物口感及温度等信息有所了解后，老师就可以相应地在烹调上下功夫了。很多时候，只要稍微改变一下烹调方法，孩子就可以很轻松地吃下原先不肯吃的食物。

不喜欢温热后的牛奶味道。

↓

直接提供冷牛奶。

不喝冷汤。

↓

加热后盛出来，引导孩子慢慢习惯热汤随时间逐渐冷却的过程。

不喜欢生鲜蔬菜的青涩口感。

↓

加上盐或淋上汤使蔬菜变柔软。

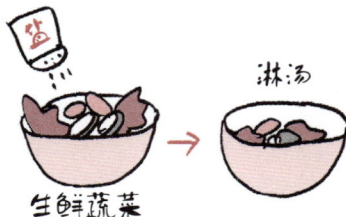

不喜欢煎蛋卷或鱼糕类的粘滑口感。

↓

首先可以切成小块给孩子吃，等孩子适应之后，再逐渐加大尺寸。

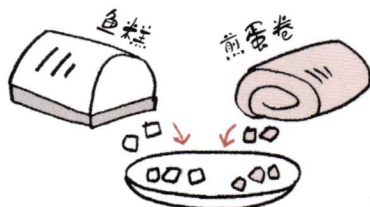

再说一句

● 对于偏食的孩子,老师应坚持分到的食物必须全部吃掉的基本原则,并且态度要坚定明确。当然,如果过分勉强,有些孩子的偏食现象反而会加剧,因此老师应根据孩子的具体状况灵活应对。

● 一般来说,偏食极为严重的孩子不仅在食物上表现出偏执,在生活的各个方面都会表现出强烈的偏执倾向。因此,如果仅仅在饮食方面采取对策,往往很难起到很好的改善作用。首先,老师应重新审视这类孩子的日常生活,使其通过睡眠等生活规律的养成和白天适量的运动,逐渐帮助其稳定生活节奏。

● 如果孩子知道只要回家就能吃到自己喜欢的食物,那么有时候他就会觉得没必要在幼儿园里勉强自己吃不喜欢的东西。因此,在偏食的应对上老师必须寻求家长的协助。

● 由于家长本身的偏好(或偏食),有些食物或烹调方法可能很少在家里出现,导致孩子对这些食物或烹调方法很不习惯,在幼儿园里也不愿意吃。对此老师可以告诉家长,在家里应尽可能地为孩子提供各种不同的食物。

关于孩子吃饭的事情啊……

啊……

175

36 不会自己穿脱衣服

为什么
会这样？

· 在理解前后、左右、里外方面存在困难?

· 身体不够灵活?

如果孩子在理解前后、左右、里外方面存在困难……

试试
这样做？

①为其画上标记

老师可以在这类孩子的内裤或外裤的正面贴上贴花，在两只鞋子上分别画上画，使两只鞋子左右放置正确时能够拼成一幅完整的图画，或者加上方便这类孩子理解的标记。孩子也会因为衣物上的贴花而更容易理解衣物的前后左右，并充满兴趣地去穿、去脱。另外，对于这类孩子来说，"拼好图画就能穿正确"这一点本身也可以令其更轻松地体验到成功的喜悦。

贴上贴花

在鞋子上分别画上画，只要左右摆放正确，就能拼成完整的图画

相同

可以在左右袜子上分别画上与左右鞋子相同的标志。

②帮助其意识到衣服里外的区别

有些衣服里外的区别比较难以掌握，有时候孩子会出现将衣服穿反的情况。对此，老师应首先引导孩子养成脱下衣服后将衣服翻过来恢复原状的习惯，然后指导孩子通过某些视觉元素直接看到里外的区别。

外面

里面

将外面朝外的内裤和里面朝外的内裤放在一起，指导孩子进行区别。可以引导孩子重点观察里面朝外时看不到花纹、标签露在外面、有缝合痕迹等关键点。

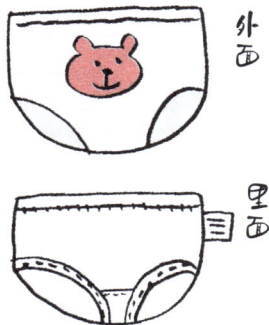

177

①告诉其具体的做法与技巧

老师可以根据这类孩子的具体情况, 逐渐减少对孩子在穿脱衣过程中的帮助。

● 穿内裤、外裤

开始的时候, 老师可以帮助孩子将裤子提到孩子只要稍微再往上提一下就可以完全穿好的程度。当孩子自己提起裤子穿好时, 老师应给予表扬, 如"真棒! 你会穿裤子了"。然后, 逐渐降低帮孩子提裤子的高度, 最终达到孩子可以完全独立自下而上提起裤子穿好的目的。

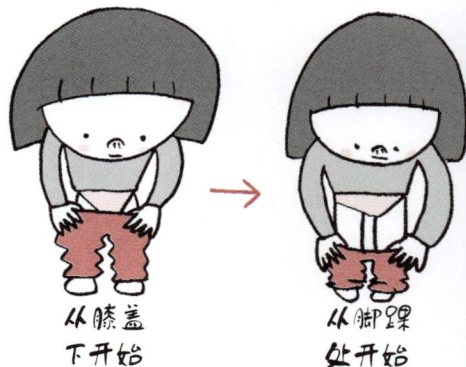

从膝盖下开始

从脚踝处开始

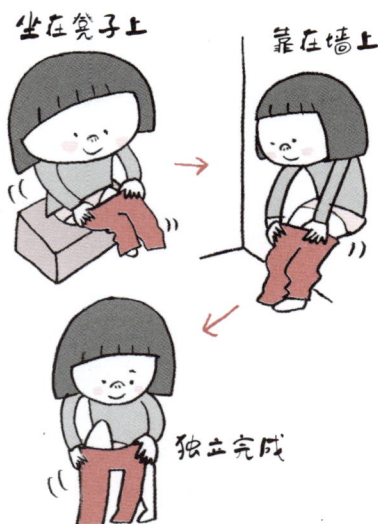

坐在凳子上

靠在墙上

独立完成

另外, 由于在站立状态下比较难穿裤子, 所以老师可以引导孩子按"坐在地板上穿→坐在椅子上穿→身体靠在墙上穿→靠着老师的肩膀或桌角穿"的顺序, 循序渐进地将保持身体平衡的方法告诉孩子, 帮助孩子慢慢掌握控制身体平衡的方法。

● 穿多件上衣

穿多件上衣时，里面衣服的袖子可能
会缩到上面去。由于全部穿好之后再
去拉袖子比较麻烦，因此老师应告诉
孩子在穿另一件衣服的时候要用手
拉住里面衣服的袖子。

用手抓住袖口↓

拉

● 穿鞋子

老师应首先观察孩子穿鞋子时哪个
动作最为困难，然后引导孩子首先从
开口较大、脚很容易放进去的鞋子开
始练习，再逐渐引导孩子练习穿与其
年龄相符的鞋子。此外，老师也应多
考虑一些更方便孩子穿鞋的方法。

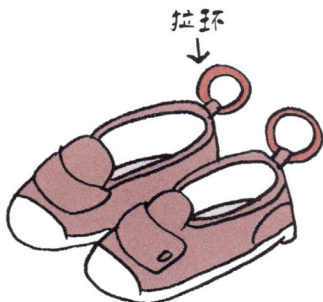

拉环↓

在鞋子后面缝上拉环或绳子。

手撑在墙上穿

告诉孩子如何在有墙壁或扶手的地方穿。

准备一些较矮的座椅。

入园 自由活动 集体活动 排泄 散步 就餐 穿脱衣 午睡 放学

179

● 戴帽子

一开始可以由老师帮着孩子戴好,然后告诉他"很适合你哦"。等孩子逐渐习惯后,老师可以扶着孩子的手帮他戴好帽子,告诉他"要这样戴帽子"。练习戴安全帽时也是一样,从完全由老师帮助开始,逐渐减少帮助,最终让孩子独立完成。

这样戴……

● 扣纽扣、拉拉链

对于校服等日常服装,可寻求家长的配合,在穿脱便利性上多下功夫。当老师帮忙时,应从孩子身后伸出手,以孩子自己完成时相同的方向来协助,这种方法更有利于孩子明白扣纽扣、拉拉链的操作方法。

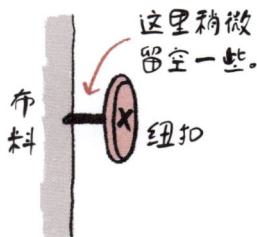

先把它插到底,然后拉起来。

这里稍微留空一些。

布料

x

纽扣

纽扣的缝合线可以稍微留长一些,方便孩子将扣子穿过纽扣孔。

对于有拉链的衣服,老师可先帮孩子插好拉链下面的卡槽,然后由孩子自己拉起来。

②引导其通过游戏进行练习

　　穿脱衣物所需要掌握的技能可以在日常游戏中进行培养。比如，一方面通过韵律操或体育运动来活动全身，一方面通过画画及折纸等游戏来活动手腕、手指，这样全身各部位的动作就能协调了。老师也可以引导孩子玩一些涉及扣纽扣或拉拉链等动作的手工玩具。此外，老师也可以引导这类孩子玩一些涉及前后、左右、里外等概念的小游戏，帮助其更好地掌握穿脱衣服的技能。

各种手工玩具

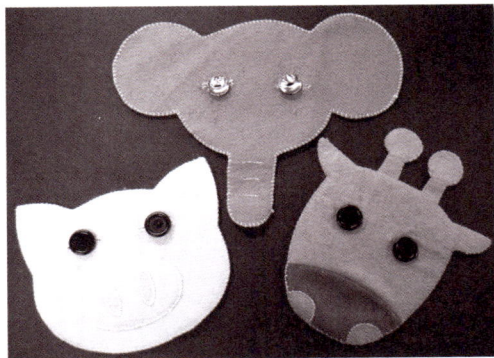

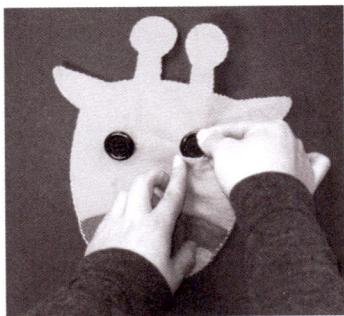

游戏令扣纽扣变得更加有趣。不过，使用这类玩具时必须让孩子明白，这时扣纽扣的方向与自己穿衣服扣纽扣时的方向是不同的。

再说一句

● 为了使孩子能够真正感受到掌握穿脱衣技能后的快乐，老师应及时告诉孩子，如"你穿得很好哦，感觉很不错吧"，引导孩子体会到"这样的感觉确实不错"。

37 不喜欢穿脱衣服

你的衣服脏了，换一件吧。

我不要!

为什么
会这样?

· 对衣服材质等存在偏好?
· 对衣服的颜色、样式等存在偏好?
· 因为衣服样式、大小等原因，穿脱起来不够
  方便?

如果孩子对衣服材质等存在偏好……

①帮助其习惯各种不同材质

有的孩子的皮肤较为敏感，对某些布料的质感存在抵触心理。老师应在平时的游戏和日常生活中，为这类孩子创造接触各种不同材质的机会。

用海绵清洗挖沙工具

每日更换手绢的材质

纱布　　　　　　绒布　　　　　蓬松材质

②避免直接接触皮肤

　　有的孩子不喜欢某些材质直接接触皮肤的感觉, 对此, 老师可以垫上一层孩子可以接受的材质的布料。另外, 有的孩子能穿棉质衣物但是不能穿化纤衣物, 对此, 老师不必勉强其接受化纤衣物, 但可以准备一些可以令其感觉更舒服的材质布料。

如果孩子不喜欢帽子的质感, 可以先为他裹上头巾再戴帽子。

如果孩子不喜欢橡胶带子的触感, 在孩子习惯前, 可以帮他把带子卷到帽子上面。

③设定好时间地点, 引导其逐渐习惯

　　比如, 对于不喜欢穿袜子的孩子, 老师可以引导他只在回家前穿上袜子, 将穿袜子作为修饰仪容的一个环节, 帮助其每日反复练习。等孩子逐渐习惯后, 老师再告诉他出去散步的时候也要穿上袜子, 并以此为起点逐渐拓展穿袜子的时间和地域范围。

看, 妈妈来接你了, 快穿上袜子吧。

妈妈

如果孩子对衣服的颜色、样式等存在偏好……

试试
这样做？

①根据其偏好采取相应的对策

有的孩子只愿意穿同一件衣服，或者不愿意摘下自己喜欢的帽子，这都是对某件特定衣物具有强烈偏好的表现。对于这种情况，老师应首先找出这类孩子对什么具有偏好，然后采取相应的对策。

比如，如果孩子是对衣服上的某个特定卡通人物存在偏好，那么老师就可以在他的新衣服上为其贴上相同的卡通人物，并告诉他"你现在是小哥哥了，要穿新衣服了。这里也贴着小熊图案哦"。另外，新衣服可以选择与旧衣服不完全相同的款式，并借此机会告诉他"现在要和上小班时穿的这件衣服说拜拜了"，培养他"现在是小哥哥了，所以要跟以前的衣服说再见了"的成长意识。

今天开始要穿小哥哥的衣服了哦！

这里也有一样的小熊图案！

②配合不同的场景及活动为其更换服装

　　散步的时候穿校服,吃饭的时候则穿围兜。老师可以根据不同的场合或活动,引导这类孩子穿上不同的衣服。这样,即便只是短时间穿上不同的衣服,也可以帮助这类孩子慢慢习惯各式各样的衣服。

散步时的衣服!

吃饭时的围兜!

③对接下来要穿的衣服做出预告

　　可以在衣服上挂上日期卡片,并将衣服挂在这类孩子能一眼看到的地方,这样就可以使这类孩子事先做好心理准备。

※这是需要在家中采取的对策,老师应请家长协助执行。

今天穿这件!

5/10　5/11　5/12　5/13

如果孩子因为衣服样式、大小等原因，穿脱起来不够方便……

试试
这样做？

①为其更换更容易穿脱的衣服

对于不擅长穿脱衣服的孩子来说，那些窄款紧身的衣服以及纽扣、拉链过多的衣服会给他们造成压力。另外，如果运动服类套衫的领口太小，穿脱衣时很容易卡住脑袋，导致怎么都脱不下来，这也容易让孩子陷入恐慌。

老师应建议家长尽量准备一些易于孩子穿脱的衣服。

这件衣服好紧啊！

脑袋出不来啊！

哎呀！

再说一句

● 感官过于敏感的问题有可能会随着孩子的成长而逐渐消失，因此在幼儿期老师可以不必过于勉强孩子。

● 如果强迫孩子习惯他无法接受的事物，可能反而导致其偏执心理的加剧。老师应根据时间、场合、活动，逐步缓解孩子的偏执心理。

38 不会根据冷暖增减衣物

· 不知道应根据季节、气温增减衣物?

· 对冷暖感觉较为迟钝?

如果孩子不知道应根据季节、气温增减衣物……

①在日历上标出相应的提示

　　夏天应该戴帽子，穿T恤、短裤；秋天应该穿长袖、羊毛衫……老师可以在季节更替的时节将这些内容标记在日历上，让孩子一目了然。这样，这类孩子就可以将提示内容与自己实际穿的衣物进行比对，进而意识到需要换衣物了。

入园 自由活动 集体活动 排泄 散步 就餐 穿脱衣 午睡 放学

189

②利用绘本故事进行讲解

老师可以根据季节特点，通过绘本中出现的人物所穿的服装教育孩子，帮助其对与季节相应的衣服产生兴趣。

小A戴上草帽去捕虫子了!

试试
这样做？

如果孩子对冷暖感觉较为迟钝……

①在日常生活中言传身教

有的孩子对冷暖的感觉较为迟钝，而有的孩子则可能感觉过于灵敏。有些人可能会认为低龄儿童本身对冷暖的感觉较为迟钝，事实上，在孩子的成长过程中，对冷暖等的各种感觉也是会发生变化的。

孩子出汗的时候，老师要对他说"好热啊"，并帮他擦汗、换衣服；孩子感到冷的时候，老师则可以给孩子搓搓手、哈一口热气，或者给他添一件外套来保暖。通过这样的方式，老师可以帮助孩子逐渐理解冷暖的概念。

这样，通过老师在日常生活中的言传身教，孩子会渐渐明白气温的变化并学会相应地增减衣物。

大家试试哈口气！

好暖和～

你出汗了呢，脱掉一件衣服吧！

再说一句

●比较昨天（27℃）和今天（31℃）的气温，通过数值就可以简单地做出判断。但"冷"、"暖"之间分界线的标准是什么？最舒适的温度范围又是多少？这样的问题解说起来就困难了。出于确保孩子身体健康的考虑，老师有必要教会孩子根据冷暖增减衣物。包括上面提到的通过语言帮助孩子理解暖冷的方式在内，老师应在每天的交流过程中加入"今天挺热的，戴上帽子防晒吧"、"这几天变冷了，明天开始要穿外套了哦"等可以帮助孩子感受季节变换的语言。

39 无法入睡

为什么
会这样?

· 生活节奏不规律?

· 无法抑制兴奋?

如果孩子生活节奏不规律……

试试
这样做？

①以休息为主要目的

无法正常午睡的孩子大多数都存在睡眠时间不规律的问题。老师不必过于强调午睡的重要性并强制孩子睡觉，而应以保证孩子充分休息为主要目的。

准备好可以令孩子安静下来的环境，告诉他可以坐在被子上看看书，或者让他拿着喜欢的玩具或棉毯在固定的地方度过午睡时间。

②利用睡眠检查表帮助其调整生活规律

　　无论晚上多晚睡，早上7点都要起床。像这样将起床时间定得较早并将其固定下来，孩子到了午睡时间自然就会犯困了。不过，如果幼儿园干预到孩子家长的生活习惯，可能会产生麻烦。因此幼儿园方面必须在与家长建立起足够的信任关系之后，再充分交换彼此的信息。此时，老师可以将下面这张睡眠检查表交给家长进行记录，并以此为基础，与家长一起探讨有无可改善之处。

　　此外，老师还应意识到，长时间的午睡同样可能成为打乱生活节奏的原因。

睡眠检查表

○=睡前准备　△=睡着　醒来=▼　起床=◎ 　　　　　　　　　　　　　　姓名（　　　　）

时间 日期	19	20	21	22	23	0	1	2	3	4	5	6	7	8	9	备注
⁵/₁₀（一）				○	△					▼	△		◎			有夜尿
⁵/₁₁（二）					○	△							◎			
⁵/₁₂（三）					○	△			▼		△		◎			硬拉他起床
⁵/₁₃（四）					○	△							◎			有夜尿
⁵/₁₄（五）					○	△							◎			
⁵/₁₅（六）						○	△							◎		
⁵/₁₆（日）						○	△							◎		硬拉他起床
⁵/₁₇（一）													◎			
⁵/₁₈（二）					○	△				▼	△		◎			有夜尿
⁵/₁₉（三）			○		△					▼	△		◎			
⁵/₂₀（四）			○	△									◎			
⁵/₂₁（五）			○	△									◎			
⁵/₂₂（六）						○	△							◎		

可以看出，整体上已经养成了晚睡晚起的习惯，尤其是周末的睡眠打乱了整个睡眠节奏。

如果孩子无法抑制兴奋……

试试
这样做?

①通过环境设定，引导其逐渐平静

老师可以调整并改善午睡房间的环境布置，帮助这类孩子明白现在到了午睡的时间。

②设法帮助其安静下来

从午睡前30分钟左右开始，老师就应组织全班孩子做一些可以逐渐安静下来的活动，设法帮助这类孩子将情绪逐渐平静下来。等这类孩子进被窝后，老师可以陪在他旁边，让他的心情保持安定。

安排读书等活动，使孩子逐渐安静下来。

③消除可能成为其刺激源的因素

如果午睡的房间过大，孩子难免会产生想要来回跑动的冲动。老师可以通过分割空间或设置隔断、调节室温等方式，尽量消除可能成为这类孩子刺激源的因素。

如果在采取了各种对策后孩子仍然无法安静，那么为了避免干扰到其他孩子睡觉，老师可以将他带到其他房间里度过午睡时间。

入园　自由活动　集体活动　排泄　散步　就餐　穿脱衣　午睡　放学

40 不能做好回家准备

为什么会这样?

· 不知道该把什么带回家?

· 不知道应从什么时候开始做回家准备?

如果孩子不知道该把什么带回家……

试试
这样做？

①简化准备工作

老师可以设法令周围环境更易于孩子理解,比如将孩子上幼儿园时带来的东西全部放在同一处,只要将这里的东西全部清空,就算做好了回家的准备。

也可以如第19页所介绍的早晨入园时的准备工作那样,当孩子做回家的准备工作时,将毛巾架及放杯子的篮子移过来,使孩子可以在同一个地方集中完成所有的回家准备工作。

将个人物品整理在一处

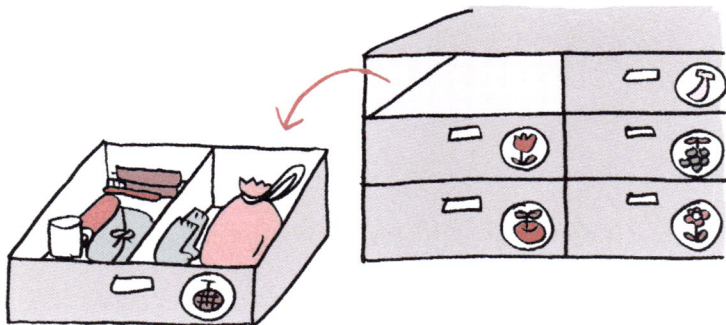

可以在同一地方完成全部工作

②引导全班孩子一起确认准备工作

老师可以引导全班孩子一起确认回家准备工作的完成情况。比如由老师提问"毛巾都放进去了吗",然后全班孩子一起确认。

③将回家前的准备工作做成流程卡片

老师可以将要携带回家的物品画在纸上,一样一样分别讲解给这类孩子听。

如果孩子不知道应该从什么时候开始准备回家……

试试
这样做?

①明确给出提示

有的孩子沉醉于游戏时, 可能听不到老师给出的开始做回家准备工作的信号, 且一般也很难立刻停下手中的游戏。

对于这种情况, 老师应事先提醒孩子, 如"再过5分钟就要准备回家了"。5分钟过去后, 再说"好了, 大家开始收拾吧。小H你也要一起收拾哦"。通过在提醒中加入这类孩子的名字, 发出更易于他理解的明确信号。也可以像第72页中所介绍的那样, 用时钟告诉这类孩子接下来的安排。

41 不肯直接回家

快点！要回家了！

哇哇哇！

为什么会这样？

· 无法顺利调整情绪？

· 见到家长后太过兴奋？

如果孩子无法顺利调整情绪……

试试
这样做?

①和全班孩子一起做好回家约定

老师可以和全班孩子一起做好回家约定，如"不要在外面玩，要乖乖回家"、"要拉着家人的手赶紧回家"。

不要在外面玩，要乖乖回家。

②缩短其在幼儿园操场上玩耍的时间

回家前如果早早让孩子来到幼儿园的操场上，有的孩子就会在那里玩起来，从而不肯回家。对于这种情况，老师应该事先跟孩子约定好"再玩两次就回家"，然后逐渐减少其游戏的次数。

知道啦!

还有两次哦!

③创造一个"回家仪式"

老师可以在每次回家前的集合中组织全班孩子唱同一首歌，然后老师跟每个孩子逐一握手、逐一告别，并将其作为每天固定的"回家仪式"。这种仪式可以成为这类孩子调整到准备回家状态的契机。

如果孩子见到家长后太过兴奋……

试试
这样做？

①做好约定

老师可以告诉家长与孩子之间做好一个回家时的约定，比如"妈妈来接你回家的时候，可以先去滑一次滑梯再走"。每次都用相同的约定，就可以以此为契机帮助孩子将情绪稳定下来，并顺利地回家去。

②创造回家之后的乐趣

　　家长来接孩子时，有的孩子可能会因为高兴而兴奋起来，缠着家长，总是不肯回家。家长们往往也会因为孩子不听话而焦躁起来，其结果就是家长发怒并强行将孩子拉回家。

　　为了在家长来接孩子时将孩子的情绪调整到放学回家的状态，老师可以与家长说说话交流一下。比如，老师可以告诉家长今天一天孩子在幼儿园里的良好表现，并跟家长说"回家后也要告诉孩子爸爸哦"，为孩子创造一些回家后值得期待的乐趣。

　　渐渐地，家长对孩子说"回家后我们一起玩……吧"时，就算没有老师的帮助，孩子也能顺利回家。

再说一句

● 如果孩子们好不容易调整为回家的情绪，但家长们却还凑在一起说个不停，就会错过回家的最佳时机，导致孩子又不肯回家。对此，老师可以请家长配合，接到孩子后马上带孩子回家。如果家长希望与老师做更多的交流，可以另约时间，务必将接到孩子就立即回家这一过程固定下来。

结束语

　　当我们前往各个幼儿园进行巡回指导时，总是能强烈地感受到老师们喜爱孩子、希望和孩子一起玩、希望与孩子多交流的热切心情。

　　而且，老师们在把握全班孩子整体状况的同时，时刻关注着每一个孩子，对每个孩子有针对性地认真做辅导的样子，总是令我们感动万分。

　　因此，借此机会，我们想向大家介绍幼教工作众多感人场面中的一幕。

　　这是发生在某个幼儿园自由活动时间中的一件事。孩子们正热热闹闹地玩着过家家游戏。不过，有一个叫小K的孩子却独自一人呆在屋子一角，不时偷看几眼正玩得兴高采烈的其他孩子们。

　　入园之后，小K一直是这个状态。于是，某一天，老师用积木堆起一个隧道，对正在玩红色模型车的小K说："小车要开到隧道里去了哦！"并借此机会加入了小K的游戏。小K开始时"啊"的一声睁大了眼睛，但随后就微微地笑了。然后没过多久，小K自己说着"这里也有个隧道哦"，并用积木开始搭建与老师所搭的形状相同的隧道来。

两三个星期之后，小K感受到了与老师一起做游戏的快乐，于是老师叫来了平时与小K挺合得来的小F，开始三个人一起做游戏。慢慢的，小H、小S等与小F关系要好的孩子们也聚集了过来，而小K也在这个过程中开始能够加入到大家的过家家游戏中去了。

"希望小K能与小朋友一起做游戏"，在小K入园伊始老师就抱有的期待，因其丰富经验和灵感，终于在一天天教育工作的努力下实现了。

像上面介绍的这个事例一样，每次遇到那些能够在把握婴幼儿时期总体发育过程的同时，认真分析每个孩子的个性及发育问题，并极其自然地采取相应对策的老师们时，我们都会觉得，所谓幼教老师，就是那些用温暖的目光包容婴幼儿时期的孩子、真正值得信赖的专家。

写作这本书的初衷，也正是想为这些幼教老师的日常工作提供一些参考和帮助……

对在本书的创作过程中持续为本书的策划、编辑付出艰辛劳动的中野明子女士和小林留美女士，以及绘制了大量极具现场感插画的野田节美女士及其他大量工作人员，我们表示衷心的感谢。

让我们一起为孩子们的未来点燃希望吧……

中村美由纪

执笔者

中村美由纪
（明日桧学园·副辅导员兼儿童发育综合支援室室长）

吉田芳子
（明日桧学园·儿童发育综合支援室疗育组主任兼副室长）

大桥 洁
（明日桧学园·儿童发育综合支援室市町支援组主任兼副室长）

东 晃子
（明日桧学园·儿童发育综合支援室市町支援组技师）

福泽章子
（明日桧学园·儿童发育综合支援室市町支援组发育综合支援员）

前田弥生
（明日桧学园·儿童发育综合支援室市町支援组发育综合支援员）

三重县县立幼儿心疗中心
明日桧学园

西日本唯一一所儿童精神科专科医院，其专业领域包括发育障碍、情绪障碍、精神障碍的治疗及康复。儿童发育综合支援室也是隶属于该医院的一个组织，其成员包括儿童精神科医生、护士、保育师、生活指导员、作业疗法师、心理判定员、福利技术职工、教员等，其功能是为儿童发育及治疗提供辅助支持。该组织分为疗育组和市町支援组两个小组，前者负责幼儿和学龄儿童的门诊治疗、日间护理、住院治疗等工作，后者则以三重县内29个市町为对象，以面向儿童发育的不间断支援为目标，为保育园、幼儿园、学校等机构提供咨询服务。

Staff

策划编辑●小林留美·中野明子

设计●长谷川由美·干叶匠子

封面·扉页制作●出石直子

封面·扉页摄影●小笠原成能(学研摄影部)

正文插画●野田节美

校对●佐佐木智子

乐谱●石川由香里

"令人头疼的孩子"系列图书
好评热卖中!

不一样的孩子
不一样的玩法

定价:33.60元

本书以通过游戏促进孩子身心发展为理念,从身体、感觉、社会性这3个度出发,围绕10大主题、45个游戏方案,讨论如何引导"不一样的孩子"从"不一样的玩法"中获得成长和快乐,得到全方面的发展。

儿童问题行为
实例解析与对策集

定价:39.80元

本书深入浅出地介绍了轻度发育障碍的基础知识,并通过26个具有代表性的经典实例解析和13个知识性小专栏进一步具体解读轻度发育障碍。针对各种不同情况,幼儿园教师、临床医师、心理咨询师分别从不同的角度为您提供相应的应对策略。

儿童教养难题
家园互动解决方案

定价:33.60元

本书不但介绍了面对"令人头疼的孩子"时的对策,还介绍了如何帮助陷入育儿困境的家长走出困境的好方法。在面对"令人头疼的孩子"时,如果能够获得家长的合作,那么幼教工作也会变得轻松起来!